VALERIA SAVI

Italiani famosi

LETTURE GRADUATE **ELI** GIOVANI ADULTI

Valeria Savi
Italiani famosi

Letture Graduate ELI
Curatori della collana
Paola Accattoli, Grazia Ancillani, Daniele Garbuglia (Art Director)

Progetto grafico
Airone Comunicazione - Sergio Elisei

Impaginazione
NO CODE - Publishing&VisualDesign

Direttore di produzione
Francesco Capitano

Crediti fotografici
Shutterstock, Archivio ELi.
Alamy: Bebe Vio (pag. 9), Roberto Bolle (pag. 19), Samantha
Cristoforetti (pag. 31), Luna Rossa Prada (pag. 54),
Massimo Bottura (pag. 81), Sophia Loren (pag. 91), Renzo Piano
(pag. 101).
Getty Images: Bebe Vio (pagg. 10-11), Miuccia Prada (pag. 51),
Raffaella Carrà (pag. 71).

Crediti testuali
Pagina 45: *Le barzellette su Totti (raccolte da me)*, di F. Totti,
Mondadori.
Le nuove barzellette su Totti (raccolte ancora da me), di F. Totti,
Mondadori.
Pagine 99-99: Brano sceneggiatura "Anna" dal film *Ieri, Oggi
domani*: Billa Zanuso, Cesare Zavattini, produttore Carlo Ponti.

Il testo è composto in Monotype Dante 11,5 / 15

ERA 343.10
ISBN 978-88-536-3511-2

Prima edizione Marzo 2022

www.eligradedreaders.com

Segnalazione di errori
Il presente testo è stato scritto basandosi su informazioni di
pubblico dominio, tratte da siti ufficiali, biografie online e
interviste, al solo scopo didattico di fornire informazioni utili e,
per quanto ci è dato sapere, attendibili su persone di grande
importanza etica, artistica e sociale. Non si è inteso, quindi,
fornire una biografia completa di tali personaggi, ma un punto
di partenza didattizzato e semplificato per, eventualmente,
approfondirne la conoscenza. Nonostante la cura messa,
l'esperienza ci insegna che è quasi impossibile pubblicare
un libro senza un'imprecisione: nel caso ci scusiamo e vi
ringraziamo se vorrete scriverci per segnalarcela al seguente
indirizzo: redazione@elionline.com

Stampato in Italia presso Tecnostampa
Pigini Group Printing Division – Loreto – Trevi

La collana Letture Graduate ELI è una proposta completa di libri per lettori di diverse età e comprende accattivanti storie contemporanee accanto a classici senza tempo. La collana è divisa in tre, Letture Graduate ELI Bambini, Letture Graduate ELI Giovani, Letture Graduate ELI Giovani Adulti. I libri sono ricchi di attività, sono attentamente editati e illustrati in modo da aiutare a cogliere l'essenza dei personaggi e delle storie. I libri hanno una sezione finale di approfondimenti sul periodo storico e sulla civiltà, oltre a informazioni sull'autore.

Sommario

Scriviamo

1 Scrivi un'e-mail a un tuo amico/una tua amica parlando degli aspetti della cultura italiana che conosci.

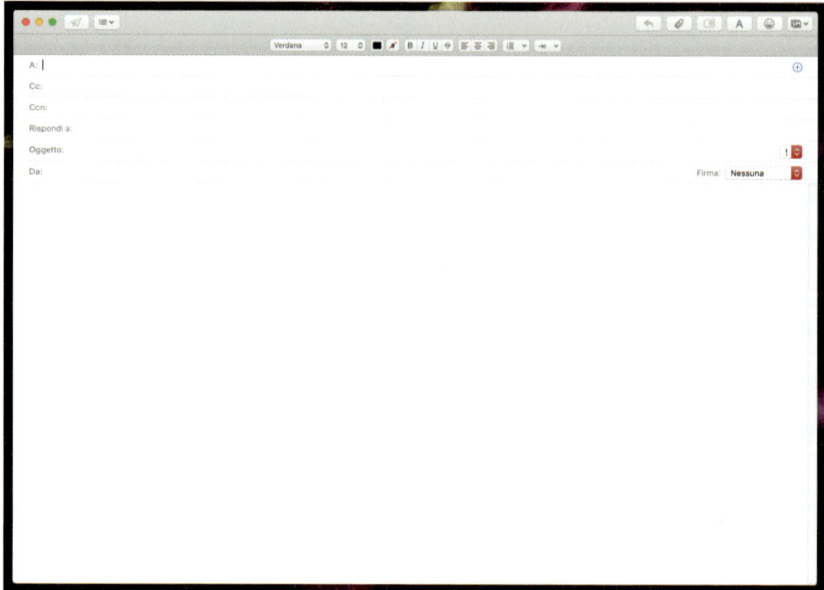

Lessico

2 Abbina la foto di ogni personaggio di questo libro alla sua attività.

1 ☐ Bebe Vio

2 ☐ Francesco Totti

3 ☐ Gino Strada

4 ☐ Massimo Bottura

5 ☐ Miuccia Prada

6 ☐ Raffaella Carrà

7 ☐ Renzo Piano

8 ☐ Roberto Bolle

9 ☐ Samantha Cristoforetti

10 ☐ Sophia Loren

- **a** danza classica
- **b** cinema
- **c** calcio
- **d** moda
- **e** architettura
- **f** cucina
- **g** televisione
- **h** medicina
- **i** scienza
- **l** sport

Parliamo

3 **Conosci questi personaggi? Che cosa sai di loro? Parlane con la classe.**

Agenda 2030 - Obiettivo 5

4 **A coppie. Avete mai sentito parlare di "discriminazione di genere"? Che cos'è, secondo voi? Parlatene insieme e poi confrontatevi con la classe. Potete cercare qualche informazione in rete.**

Bebe Vio

Chi è

▶ 2 Beatrice Vio, che tutti chiamano Bebe, è una campionessa paralimpica di scherma ed è nata a Venezia nel 1997. La sua bravura è straordinaria: a soli 24 anni aveva già vinto più di 70 medaglie! Quando aveva 4 anni, sua madre l'aveva iscritta a ginnastica ritmica* ma, durante il saggio finale, Bebe, aveva scoperto che… non si vinceva niente! Lei era una bambina competitiva e voleva vincere! In realtà, la sua grande passione era la scherma, che Bebe inizia a praticare a 5 anni. Dice Bebe: "Quando, a 5 anni, sono entrata in palestra, ho visto tanti 'Zorro' bianchi e ho sentito il tintinnare* delle lame*. È stato amore a prima vista. Un amore che dura ancora e niente può distruggere". Oggi è una straordinaria campionessa di fioretto*.

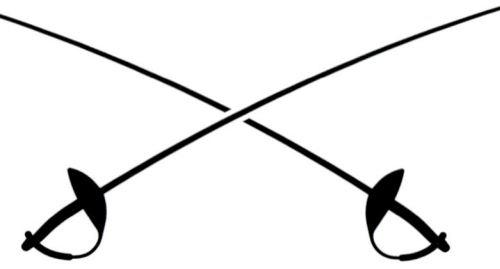

Bebe fa parte della Nazionale di Scherma Paralimpica dal 2011 e ha vinto, sia da sola che in squadra, qualsiasi tipo di competizione: Europei, Mondiali e Olimpiadi. Per 5 anni di seguito, ha vinto la Coppa del Mondo, ottenuta sommando i punteggi di tutte le gare di ogni anno. Per dedicarsi alla scherma in modo professionale, dal 2016 è entrata nel Gruppo Sportivo Fiamme Oro della Polizia di Stato italiana.

ginnastica ritmica un tipo di ginnastica con la musica
tintinnare rumore che fanno gli oggetti di metallo
lame (qui) spade
fioretto un tipo di spada sportiva

La vita è fantastica!

Le gare che Bebe ha vinto, però, non sono solo di fioretto. Nel 2008, a 11 anni, Bebe si ammala di meningite* e rischia la vita. Subisce l'amputazione* di parte delle braccia e delle gambe e, sulla pelle, le restano anche delle vistose cicatrici*. Bebe racconta che il ritorno a casa dall'ospedale è stato veramente difficile: lei soffriva moltissimo per le ferite, che aveva in tutto il corpo, e si chiedeva: "Perché è successo a me?". Un giorno, addirittura, dice a suo padre di non voler più vivere e suo padre le risponde: "Bebe ma cosa stai dicendo? La vita è fantastica! Smettila di lamentarti e reagisci! La parte difficile è finita, ora è tutto in discesa!". E questo Bebe decide di fare. Bebe crede profondamente che ognuno, se si dà da fare, può ottenere qualsiasi cosa nella vita. Oggi la sua tenacia* e il suo sorriso sono un'icona di forza e positività.

La vita è fantastica… anche in tv

Nel 2017 Bebe conduce un programma televisivo sulla Rai, la tv nazionale italiana, che si chiama proprio "La vita è fantastica", in cui aiuta delle persone a realizzare i propri sogni. Bebe vuole trasmettere il messaggio che chiunque può fare ciò che vuole nella vita: importanti sono la decisione e l'impegno.

Le cicatrici

Quando Bebe si guarda allo specchio vede… "[…] Bebe, sempre la stessa! Mi piaccio perché questa sono io e non cambierei nulla. Molto spesso, quando sono ospite in programmi televisivi, capita che mi vogliano riempire la faccia di fondotinta* per coprire le cicatrici, ma io non voglio. Io sono così, perché dovrei coprirle?".

meningite malattia del sistema nervoso centrale molto pericolosa, a volte mortale
amputazione quando si taglia via una mano, un piede o un altro arto
cicatrici segni che restano sulla pelle dopo le ferite
tenacia grande impegno, determinazione
fondotinta crema colorata per il viso

Le Olimpiadi

Nel mondo della scherma Bebe diventa subito una celebrità, ma in Italia diventa famosissima dopo le Paralimpiadi di Rio de Janeiro del 2016, un anno molto impegnativo* per lei. Bebe, infatti, deve superare l'esame di maturità e i suoi genitori le dicono che, se non lo supera con un buon voto, non le danno il permesso di andare in Brasile. Tra studio e allenamento, la fatica è davvero tanta! Ma Bebe supera l'esame e vince a Rio la medaglia d'oro nel fioretto paralimpico: il suo grido di vittoria è diventato un simbolo di forza e gioia di vivere per tutti. Alla fine della premiazione, si alza dalla sedia a rotelle e corre velocissima ad abbracciare la sua famiglia: "[…] La mia è stata una vittoria di squadra: la famiglia è la mia prima squadra e quindi non vedevo l'ora di andare ad abbracciarla".

La sfortuna non esiste

Alla cerimonia di chiusura del Giochi Olimpici allo stadio Maracanà di Rio, Bebe è la portabandiera italiana. Lei è felicissima, ma i suoi compagni di Nazionale le dicono che, nel mondo dello sport, ricoprire questo ruolo porta sfortuna*: chi porta la bandiera alla fine di una Olimpiade, non parteciperà a quella successiva. Ovviamente, è una sciocca superstizione e, infatti, Bebe non gli dà retta, va per la sua strada e

impegnativo pieno di cose importanti e difficili da fare
porta sfortuna fa succedere eventi sfortunati, incidenti

nel 2021 vince la sua seconda medaglia d'oro, a Tokyo. Una vittoria doppia, questa, perché qualche mese prima, Bebe aveva avuto una brutta infezione* e aveva rischiato la vita e altre amputazioni. Con la sua tenacia e l'aiuto prezioso di medici e fisioterapisti, Bebe supera anche questa e vola a Tokyo.

infezione in genere, quando un virus attacca il nostro corpo

Una "collezione" di selfie

Dopo l'oro di Rio, Bebe diventa un personaggio pubblico, anche come rappresentante delle persone con disabilità, e partecipa a eventi importanti. Tra i tanti, nell'ottobre del 2016 riceve un invito a cena molto speciale: lo mandano i coniugi Obama. Bebe, a questa cena alla Casa Bianca, sarà la rappresentante dello sport italiano, insieme ad altri personaggi italiani come il regista Roberto Benigni per il cinema o la direttrice generale del CERN di Ginevra Fabiola Giannotti, per la scienza. La sera della cena Bebe riesce a fare qualcosa che nessuno può: farsi un selfie con il Presidente americano Barack Obama.
In effetti, Bebe "colleziona" selfie con personaggi illustri, come l'ex capitano della Roma Francesco Totti, Papa Francesco o il Presidente della Repubblica italiana Sergio Mattarella.

Il libro

"Se sembra impossibile allora si può fare - Realizziamo i nostri sogni, affrontando col sorriso ostacoli e paure" è il libro in cui Bebe racconta la sua vita.

"... a tutto c'è una soluzione"

Nella vita privata Bebe è una ragazza che fa tutto quello che vuole, come guidare, correre e, addirittura, salire sui vulcani. Durante un'intervista ha raccontato che, in vacanza con amici, ha distrutto le protesi dei piedi per salire sul vulcano di Stromboli, in Sicilia, facendo veramente arrabbiare il tecnico che le crea per lei. Per le persone con disabilità, spesso la vita non è molto facile e possono anche essere vittime di pesanti discriminazioni. Con forza, allegria e determinazione Bebe combatte per eliminare le differenze tra sport olimpico e paralimpico: lei sogna di portarli allo stesso livello e, un giorno, di unire i due Comitati sportivi in un unico CONI, di cui lei sarà Presidente. Insomma vuole cambiare le cose. E non è una novità: per permettere a lei di partecipare ai Giochi Olimpici, è stato cambiato il regolamento paralimpico, in quanto è stata la prima schermitrice al mondo a gareggiare con 4 protesi artificiali.

Art4sport

È un'associazione Onlus creata dai genitori di Bebe, Teresa e Ruggero, e ha lo scopo di sostenere i ragazzi che hanno subito un'amputazione per permettere loro di fare sport. Tra gli obiettivi, c'è quello di aiutare le loro famiglie ad affrontare le spese molto alte delle protesi. Questa Onlus si occupa inoltre di progetti per l'adeguamento* di impianti sportivi alle necessità di atleti con disabilità. Nell'ottobre del 2021, poco dopo Tokyo, Bebe ha organizzato un evento unico e speciale di sport: una serata in cui campioni olimpici e paralimpici si sono sfidati nei rispettivi sport gareggiando in squadre miste! Dice Bebe: "C'è ancora del lavoro da fare ma siamo sulla buona strada e questo si può notare anche dalla visibilità che è stata data alle Paralimpiadi di Rio 2016. Purtroppo c'è questo prefisso "dis" che spesso è troppo ridondante* in molti aspetti della vita quotidiana. Art4sport cerca di far cadere tutte le barriere, fisiche e soprattutto mentali. Ognuno di noi può contribuire anche solo con un piccolo passo a cambiare il mondo!".

adeguamento rendere adatto, giusto, adeguato
ridondante eccessivo e non adatto alla realtà

Lessico

1 **Abbina le parole alla loro definizione.**

1 ☐ schermitrice
2 ☐ reagire
3 ☐ medaglia
4 ☐ esibizione

5 ☐ fioretto
6 ☐ competizione
7 ☐ livello agonistico

a gara, sfida
b strumento con cui si pratica la scherma
c dischetto di metallo che ha la funzione di premio in alcune competizioni
d riferito a sport praticato a livello professionale con lo scopo di competere
e donna che pratica la scherma
f fare qualcosa per risolvere una situazione difficile
g spettacolo, presentazione

Espressioni idiomatiche

2 **A coppie. Cercate di spiegare il significato delle espressioni sottolineate. Poi confrontatevi con la classe.**

1 Ho visto Gianni ed è stato amore a prima vista!
....
....

2 Il più è fatto: ora è tutto in discesa.
....
....

3 Mia zia mi riempie sempre la faccia di baci!
....
....

4 Non ascoltare quello sciocco, <u>non dargli retta!</u>

....

....

5 Anche se gli altri non sono d'accordo, io <u>continuo per la mia strada</u>.

....

....

6 Quando ho un problema, la tenacia è sempre <u>la mia arma vincente</u>.

....

....

Comprensione

3 **Scegli l'opzione giusta.**

1 Beatrice Vio inizia a praticare la scherma:
- **a** ☐ a 4 anni
- **b** ☐ a 5 anni
- **c** ☐ a 24 anni

2 Dal 2011 fa parte
- **a** ☐ dei Mondiali
- **b** ☐ della Nazionale Olimpica
- **c** ☐ della Nazionale Paralimpica

3 Bebe pratica la scherma a livello
- **a** ☐ principiante
- **b** ☐ agonistico
- **c** ☐ amatoriale

4 Chi le ha detto "La vita è fantastica!"?
- **a** ☐ Francesco Totti
- **b** ☐ Barack Obama
- **c** ☐ Suo padre Ruggero

5 Bebe diventa famosa
- **a** ☐ a 11 anni, quando viene colpita dalla meningite
- **b** ☐ alle Olimpiadi di Rio de Janeiro, nel 2016
- **c** ☐ alle Olimpiadi di Tokyo, nel 2021

6 Il suo libro si intitola
- **a** ☐ "La vita è bella"
- **b** ☐ "La vita è fantastica"
- **c** ☐ "Se sembra impossibile allora si può fare"

Grammatica

4 **Completa il testo con le espressioni di tempo nel riquadro.**

> ora • da quel momento • nel (x2) • a • quando •
> mentre • un giorno

Beatrice Vio è nata a Venezia _____ 1997 e ha iniziato a fare scherma _____ cinque anni. _____ 2008 è stata colpita da una meningite e ha subito l'amputazione di parte delle braccia e delle gambe. _____ è tornata a casa dall'ospedale è stato un momento molto difficile: lei soffriva molto fisicamente per le ferite che aveva, e si chiedeva perché una cosa così era successa a lei. _____, _____ suo padre la medicava, lei gli ha detto di non voler più vivere e il padre le ha risposto "Bebe ma cosa stai dicendo? La vita è fantastica! Smettila di lamentarti e reagisci. La parte difficile è finita, _____ è tutto in discesa". Bebe ha ascoltato suo padre e _____ ha iniziato a vivere la propria vita al massimo, per dimostrare a tutti che la vita è davvero fantastica.

Per riflettere

5 **A piccoli gruppi. Ripensate alla storia personale e sportiva di Bebe Vio: quali parole della lista, secondo voi, rappresentano meglio il modo di vivere di Bebe? Segnatele e scrivete una breve spiegazione. Potete aggiungere delle parole voi. Infine, confrontatevi con la classe.**

- ☐ agonismo
- ☐ amputazione
- ☐ arma vincente
- ☐ bravura
- ☐ campionessa
- ☐ scritto e orale
- ☐ tenacia

- ☐ Coppa del Mondo
- ☐ esame di maturità
- ☐ fioretto
- ☐ gare
- ☐ lame
- ☐ selfie
- ☐ vincere

- ☐ medaglie
- ☐ palestra
- ☐ praticare
- ☐ protesi
- ☐ regolamento
- ☐ squadra

Scriviamo

6 **Rispondi alle domande.**

1 In che modo Bebe può essere definita ambasciatrice delle persone con disabilità?

....

....

2 Qual è il suo sogno?

....

....

3 Che cos'è "Art4Sport" e di che cosa si occupa?

....

....

4 Il cantante Jovanotti ha dedicato a Bebe la canzone "Ragazza magica": perché, secondo te?

....

....

Giochi di ruolo

7 **A coppie. Uno/a di voi è Bebe Vio e l'altro/a un/una giornalista. Create un'intervista di cinque domande a Bebe: potete anche fare un'intervista televisiva da mostrare alla classe, riprendendovi con il cellulare.**

Agenda 2030 - Obiettivo 4

8 **L'obiettivo 4 dell'agenda 2030 riguarda l'"Istruzione di qualità". Uno dei suoi punti dice:**

"4.5: Eliminare entro il 2030 le disparità di genere nell'istruzione e garantire un accesso equo a tutti i livelli di istruzione e formazione professionale delle categorie protette, tra cui le persone con disabilità, le popolazioni indigene ed i bambini in situazioni di vulnerabilità".

Che cosa pensi di questo concetto? Cosa si potrebbe fare per realizzarlo? Scrivi la tua ipotesi.

DANZA

Roberto Bolle

 3

"La danza è bellezza,
dinamicità, plasticità,
forza fisica,
leggerezza, espressività"
(Roberto Bolle)

"Sarà perché mi sono abituato,
ma ho bisogno di solitudine,
anche nel privato,
ho bisogno dei miei spazi,
dei miei momenti,
per staccare da tutto e ricaricarmi"
(Roberto Bolle)

"Sono un timido
e fatico a esternare
– non ho ancora imparato a dire
"ti voglio bene" –
ma un tempo lo ero molto di più,
era difficile anche fare un assolo
nella sala ballo con i colleghi"
(Roberto Bolle)

Nato per ballare

Roberto Bolle nasce il 26 marzo 1975 in Piemonte. Ha una
sorella e due fratelli, di cui uno gemello. I Bolle sono una
famiglia molto unita, ma nessuno di loro è un artista ed è,
quindi, una sorpresa per tutti vederlo, già da piccolissimo,
"copiare" i balletti che guardava in TV.

Racconta Roberto: "Già verso i tre anni mi incantavo*
davanti alla televisione a guardare i balletti e provavo a rifarli.
A cinque anni chiesi a mia madre di iscrivermi a danza; mi
rispose: *'Continua a fare nuoto, se l'anno prossimo lo vorrai ancora,
ti accontenterò*'*. L'anno dopo facevo danza". Naturalmente,
Roberto dimostra fin da subito il suo talento straordinario per
il balletto e, a 11 anni, partecipa alle selezioni per la prestigiosa*
Accademia del Teatro Alla Scala di Milano.

mi incantavo mi piacevano davvero tantissimo
ti accontenterò farò quello che mi chiedi
prestigiosa molto importante e di valore

È inutile dire che Roberto supera la selezione e così, a soli 12 anni, deve fare una scelta difficile: inseguire il suo sogno di danzatore o restare con la sua famiglia. A casa tutti lo incoraggiano a partire per Milano ma, a quell'età, non è facile decidere di lasciare la famiglia, tanto che lui chiede ai genitori di iscriverlo anche alle scuole medie di Trino, la città dove vivono. In questo modo, se non riuscirà a rimanere a Milano, il piccolo Roberto potrà tornare e frequentare la scuola.

Teatro Alla Scala

Il Teatro alla Scala di Milano è il teatro d'opera più famoso d'Italia. È stato costruito in soli due anni, dal 1776 al 1778, dall'architetto Giuseppe Piermarini. È un teatro unico per la sua struttura, la sua bellezza e soprattutto per l'acustica* perfetta. Per questo, è il teatro più copiato al mondo. Da Bellini a Verdi, da Maria Callas a Pavarotti, i più grandi artisti della storia sono passati per questo teatro. Per un ballerino, un attore, un musicista, un compositore*, potersi esibire* sul palcoscenico della Scala è un enorme privilegio. Assistere a un'esibizione in questo teatro è un'esperienza magica e unica. Il suo palcoscenico è in pendenza*, come in tutti i teatri tradizionali, per permettere al pubblico di vedere meglio lo spettacolo. Generalmente, la stagione lirica della Scala inizia il 7 dicembre, giorno di Sant'Ambrogio, il santo patrono di Milano.

acustica in teatro, il fatto di poter sentire benissimo la musica
compositore artista che crea musica
esibire fare uno spettacolo
in pendenza non in piano, dall'alto verso il basso

Da Milano al mondo

Roberto si abitua* a vivere lontano dalla sua famiglia e si abitua anche ai ritmi dell'Accademia: alle 8 iniziano le lezioni e la sera frequenta la scuola serale. In un'intervista racconta che la scuola serale è stata come una scuola di vita perché tra i suoi compagni non c'erano solo ballerini, ma lavoratori di ogni genere.

"Sono stato fortunato:
mi è bastato seguire
la mia indole e continuare a studiare.
Il resto è venuto da sé"
(Roberto Bolle)

Nel 1990, il grande ballerino russo Rudolf Nureyev è al Teatro alla Scala per creare la coreografia* di uno spettacolo e, durante le prove degli studenti dell'Accademia, nota un danzatore. Gli chiede di eseguire alcuni esercizi: è Roberto Bolle che, all'età di 15 anni, si fa notare da uno dei più grandi danzatori di sempre, e dei suoi idoli, per interpretare un ruolo* da solista* nella famosa opera "Morte a Venezia". Purtroppo l'Accademia non autorizza Roberto a partecipare a questo balletto perché è troppo giovane ma, comunque, l'incontro con Nureyev cambia per sempre il suo destino e lo rende ancora più determinato.

A 19 anni Bolle entra a far parte del corpo di ballo della Compagnia della Scala e a 20 anni partecipa al suo primo spettacolo, "Romeo e Giulietta", alla fine del quale lo nominano Primo Ballerino. Nel 1997 ha il grande onore di esibirsi alla Royal Albert Hall, uno dei più prestigiosi teatri inglesi, davanti alla famiglia reale inglese e ha anche il piacere di ricevere i complimenti di Lady Diana.

si abitua per lui diventa normale
coreografia (qui) i movimenti dei danzatori e le scene del balletto
ruolo (qui) quello che deve fare nello spettacolo
solista artista più importante di un gruppo

Bolle ha ormai conquistato il pubblico del Regno Unito
e anche il giornale The Times gli dedica un articolo da prima
pagina: ormai è diventato una star internazionale, amato
e richiesto in tutto il mondo. Anche per questo, all'età di 23
anni lascia la Compagnia della Scala, uno dei pochi teatri
al mondo che offre un contratto di lavoro fisso*, perché vuole
ballare in altre compagnie.

Una carriera straordinaria

A 23 anni Bolle è una star internazionale della danza classica ed è
chiamato ad esibirsi in tutto il mondo. Nella sua carriera ha danzato
nei teatri più prestigiosi e con le migliori danzatrici. Si è esibito davanti
a spettatori illustri* come la Regina Elisabetta durante i festeggiamenti
per i suoi 50 anni di regno e Papa Giovanni Paolo II durante
la Giornata Mondiale della Gioventù, quando Roberto si esibisce
sul sagrato* davanti alla Basilica di San Pietro.

Famosissimo è l'assolo* che ha ballato nel 2006 durante
la cerimonia di apertura dei Giochi Olimpici Invernali di Torino:
per lui una grandissima emozione, visto che è nato in Piemonte.

Dal 2004 è étoile della Scala di Milano e, nel 2009, è stato il primo
italiano a diventare ballerino principale dell'American Ballet Theatre
di New York. Questi due titoli lo rendono l'unico danzatore al mondo
a essere stato étoile in due compagnie nello stesso periodo.

Giochi Olimpici Invernali di Torino

La ventesima edizione delle Olimpiadi Invernali, chiamate "Torino
2006" sono stati i Giochi "meglio organizzati della storia delle
Olimpiadi Invernali". Infatti, se nelle Olimpiadi precedenti le gare
si svolgevano solamente in località sciistiche di montagna, a Torino
le gare si svolgono sia in città, sia in Val di Susa così da rendere
i Giochi accessibili* al maggior numero di persone possibile. Per
l'occasione, è stata creata una moneta commemorativa* da 2 euro.

fisso (qui) senza limiti di tempo
illustri molto importanti
sagrato lo spazio davanti a una chiesa
assolo (qui) danzare da solo
accessibili (qui) facili da raggiungere e
da vedere
commemorativa fatta per ricordare e
celebrare un evento

La sua missione

Roberto Bolle ha dedicato tutta la sua vita alla danza classica e alla ricerca della perfezione fisica e artistica che, secondo lui, si può raggiungere solo attraverso tanta dedizione, umiltà e duro lavoro. È questo il messaggio che lui vuole trasmettere a tutti e soprattutto a chi si avvicina alla danza, disciplina che può spaventare per il rigore* necessario, ma che può dare tante soddisfazioni quando gli si dedicano corpo e anima*. Del resto, Roberto ha sempre voluto avvicinare la danza a più persone possibili, come ha fatto uno dei suoi idoli, l'étoile italiana Carla Fracci.

rigore grande impegno e fatica
corpo e anima (modo di dire) completamente

Carla Fracci

È stata una leggenda della danza classica e il New York Times l'ha definita "prima ballerina assoluta". Nata a Milano da una famiglia molto umile, inizia a studiare danza classica all'Accademia del Teatro alla Scala nel 1946. All'inizio la danza non le piace, perché il suo sogno di bambina è diventare parrucchiera e danzare è troppo faticoso, ma a 12 anni incontra la grande Margot Fonteyn e capisce cos'è la danza davvero: poesia. Nella sua carriera la Fracci ha interpretato 150 ruoli diversi, ma il suo cavallo di battaglia è sempre stato Giselle, perché questa giovane contadina le ricordava le sue origini semplici. Caratteristico il suo vestirsi sempre di bianco.

Che cosa mangia un'étoile?

Roberto dice che, allenandosi dalle sei alle sette ore
al giorno, tra lezioni, prove, stretching e palestra
ha bisogno di mangiare a sufficienza, perché la fatica
è veramente tanta! Non segue una dieta particolare,
ma è semplicemente molto attento a quello che mangia:
dev'essere cibo di buona qualità, adatto alle esigenze
del suo fisico. Ha praticamente eliminato la carne,
in particolare quella rossa, e preferisce mangiare pesce,
verdure e frutta. Mangia tanta frutta secca* e tanti semi

frutta secca noci,
mandorle...

24

e lo prendono anche pubblicamente in giro per questo, ma lui ci ride sopra*! Gli piace molto il cioccolato fondente*, che mangia anche mentre si allena, e beve almeno sette litri di acqua al giorno.

La danza è per tutti

La danza classica è sempre stata un'arte "di nicchia", cioè che piace a poche persone, ma Roberto si è impegnato a farla conoscere il più possibile, portandola fuori dai teatri e facendola arrivare nelle piazze, in televisione, al cinema. Anche le sue presenze in TV hanno avvicinato la danza al grande pubblico. Impegnandosi sempre al massimo, come in tutto quello che fa, Roberto ha creato l'evento "Roberto Bolle and Friends", nel quale si esibisce con grandi artisti di tutti i generi. Storica, la sua esibizione con il tenore Andrea Bocelli e il pianista Stefano Bollani, ballando sulle note di "Con te partirò". All'inizio questi spettacoli si tenevano nei teatri ma, volendo far arrivare la danza a tutti, Roberto li ha spostati in luoghi come il Colosseo a Roma o Piazza San Marco a Venezia. E forse i suoi sforzi sono stati ripagati, perché negli ultimi anni il numero di bambini che hanno iniziato a studiare danza è molto aumentato.

ci ride sopra si diverte anche lui
fondente senza latte o altro

"Sono onorato di essere uno dei più giovani ambasciatori Unicef: è quanto mai importante dare un segnale ai giovani, facendo capire che tutti possono contribuire ad aiutare nel sociale"
(Roberto Bolle)

Roberto ambasciatore

Roberto è ambasciatore dell'Unicef e del FAI (Fondo Ambiente Italiano con lo scopo di proteggere e valorizzare il patrimonio storico, artistico e paesaggistico italiano). Nel 2012 e nel 2021 ha ricevuto da due Presidenti della Repubblica onorificenze nazionali per il suo merito culturale verso l'Italia.

Comprensione

1 **Segna se le frasi sono vere (V) o false (F).**

	V	F
1 Roberto Bolle ha iniziato a danzare davanti alla televisione.	☐	☐
2 A 11 anni ha cominciato a studiare danza in una scuola.	☐	☐
3 Per lui è stato facile lasciare la famiglia per trasferirsi a Milano.	☐	☐
4 Quando studiava alla Scala, la mattina andava a scuola e il pomeriggio si allenava.	☐	☐
5 Quando aveva 15 anni, ha interpretato un ruolo importante nell'opera "Morte a Venezia".	☐	☐
6 L'incontro con Nureyev non è stato importante per la sua vita.	☐	☐
7 Dopo il suo primo spettacolo, viene nominato Primo Ballerino della Compagnia della Scala.	☐	☐
8 A 23 anni Bolle è famoso in tutto il mondo.	☐	☐
9 Ha ballato per la Regina Elisabetta alla festa per i suoi 50 anni di regno.	☐	☐
10 Roberto si è esibito dentro la Basilica di San Pietro, a Roma.	☐	☐

2 **Rispondi alle domande.**

1 A 15 anni Roberto incontra un grandissimo danzatore, che gli offre una grande occasione. Chi è questo famoso danzatore e cosa succede?

....

2 Come reagisce Roberto alla proibizione dell'Accademia?

....

3 Roberto si è esibito davanti a personaggi molto importanti. Ricordi qualche nome?

....

3 A quale dei due personaggi si riferiscono queste frasi? Segnalo.
RB= Roberto Bolle - CF= Carla Fracci

1 Viene da una famiglia umile.
2 Si è esibito davanti a Papa Giovanni Paolo II.
3 Il suo ruolo preferito le fa ricordare le sue origini.
4 Nel 1967 porta la danza classica in televisione.
5 Si è esibito in luoghi insoliti, come il Colosseo.
6 È milanese.
7 Ha ricevuto onorificenze per il merito culturale verso l'Italia.
8 È ambasciatore dell'UNICEF.
9 Ha iniziato il processo di diffusione del balletto fuori dai teatri d'opera.
10 Collabora con il FAI.
11 In realtà, voleva fare un lavoro diverso.
12 Ha interpretato 150 ruoli diversi.

4a A coppie. Che cosa significano secondo voi questi concetti? Scrivetene una breve definizione e poi confrontatevi con la classe.

1 dedizione ....
2 umiltà ....
3 impegno ....

4b Ora provate a trovare i concetti di senso contrario. Scrivetene una breve definizione e poi confrontatevi con la classe.

1 dedizione: il concetto contrario è ....
2 umiltà: il concetto contrario è ....
3 impegno: il concetto contrario è ....

Parliamo

5 **A piccoli gruppi. Oltre a ricercare la perfezione artistica, Roberto Bolle ha un'altra missione, che ha "ereditato" da Carla Fracci. Parlate della loro missione e di che cosa accomuna questi due grandi ballerini.**

Lessico

6 **Leggi le definizioni e completa lo schema.**

1. Sinonimo di "compagnia di ballo" (tre parole).
2. Artista che si esibisce da solo sul palcoscenico.
3. Parola che significa "creare un balletto e le sue scene".
4. Sentire bene o male, con chiarezza o no, la musica di uno spettacolo.
5. Sinonimo di "spettacolo di danza classica".
6. Si ha quando si è veramente bravi nel fare qualcosa.
7. Il verbo di chi danza, canta o altro davanti al pubblico.
8. Momento in cui un artista si esibisce da solo sul palcoscenico.
9. Bolle ha frequentato quella del Teatro La Scala.
10. Quello del Teatro La Scala è in pendenza.

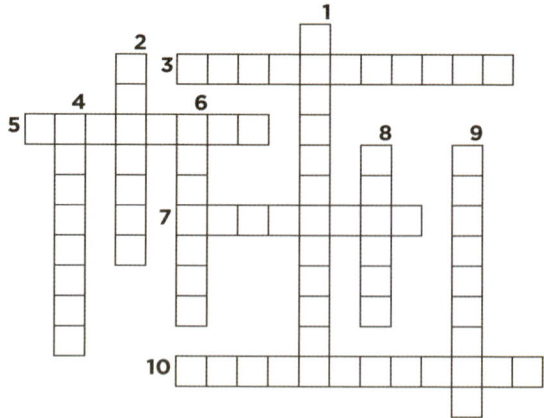

Grammatica

7a **Valori del gerundio presente: trova il gerundio in ogni frase e segna il suo valore.**
Temporale: T – Causale: C – Modale: M

1 Bolle dice che, allenandosi molto, ha bisogno di mangiare a sufficienza. ☐

2 Roberto si impegna a far conoscere la danza, portandola fuori dai teatri. ☐

3 Facendo arrivare la danza nelle piazze, tutti possono conoscere meglio questa arte. ☐

4 Bolle fa conoscere la danza esibendosi in luoghi particolari, fuori dai teatri. ☐

5 Ballando in Accademia, Roberto ha conosciuto il grande Nureyev. ☐

6 Esibendosi per il papa, Roberto ha provato una grandissima emozione. ☐

7b **Ora riscrivi le frasi dell'esercizio 7a in forma esplicita.**

1 ....
2 ....
3 ....
4 ....
5 ....
6 ....

8 **Periodo ipotetico di primo tipo. Completa le frasi coniugando correttamente il verbo tra parentesi, al presente o futuro indicativo. Attenzione ai pronomi!**

1 Mia madre mi ha detto: "Continua a fare nuoto, se l'anno prossimo (*volerlo*) _____ ancora, io (*accontentare te*) _____ .

2 Secondo Roberto, la perfezione artistica (*raggiungere*) _____ solo se (*impegnarsi*) _____ moltissimo.

3 Se la danza (*arrivare*) _____ a tutti, Roberto (*essere*) _____ felice, perché (*raggiungere*) _____ il suo obiettivo.

Samantha Cristoforetti

Dalle montagne allo spazio

▶ 4 Se cerchiamo il suo nome sul web, il primo sito* che troviamo
è quello dell'Agenzia Spaziale Europea (ESA), perché Samantha
è un'astronauta e nello spazio ci ha vissuto per sei mesi. È una
donna da record, insomma, sia perché è stata la prima donna
italiana in missione con l'ESA, sia perché – in Europa – è stata
la prima a restare così a lungo nello spazio in una sola missione.

Il suo sogno di andare in orbita*
è nato quando era bambina. Lei è nata
a Milano il 26 aprile del 1977 ma
è cresciuta in Trentino Alto-Adige, in
un piccolo paese di montagna, immersa*
nella natura. Racconta che lì, di notte,
si potevano vedere tantissime stelle e lei
passava molto tempo ad osservare il cielo.
Ha iniziato presto a farsi domande
sull'universo e questo ha fatto nascere
in lei la voglia di esplorare e di volare
nello spazio. Circa 30 anni dopo, il suo
sogno è diventato realtà.

Trentino Alto-Adige

È una regione del Nord Italia,
a statuto speciale, cioè con una sua
particolare autonomia rispetto
al resto d'Italia; questo per ragioni
storiche, dato che circa un terzo*
della sua popolazione è di origine
e di lingua tedesca. È, infatti, anche
divisa in due zone, il Trentino (con
capoluogo Trento) e l'Alto-Adige
(con capoluogo Bolzano).
In alcune valli trentine, poi,
si parla anche il Ladino, una lingua
autonoma rispetto al tedesco
e all'italiano. Questa regione
è formata principalmente
da montagne, le Alpi, dove si trova
la bellissima catena* delle Dolomiti.

sito insieme di pagine web
in orbita (qui) nello spazio
immersa (qui) completamente circondata
un terzo uno su tre, la terza parte di un totale
catena gruppo di montagne

Parola d'ordine: studio

Samantha si diploma al Liceo Scientifico di Trento nel 1996 e sa che per raggiungere il suo obiettivo ha davanti a sé tanti anni di studio e di sacrifici. Si iscrive alla Facoltà di Ingegneria a Monaco di Baviera e si specializza in propulsione aerospaziale. Durante gli anni dell'università partecipa a due soggiorni studio in Francia e in Russia, per conoscere meglio le materie aerospaziali. Nel 2001, dopo la Laurea, Samantha entra all'Aeronautica Militare Italiana e impara a volare, non ancora su navicelle spaziali, ma su aerei militari e, nel 2006, diventa Pilota Militare. Mentre studia all'Accademia, ottiene un'altra Laurea, in Scienze Aerospaziali, all'Università Federico II di Napoli. Samantha, insomma, non perde tempo, e appena raggiunge un traguardo* è già concentrata su quello successivo.

A volte un ostacolo è solo un messaggio che la vita ti dà. Devi trovare un'altra strada, ma non vuol dire che non puoi arrivare a destinazione.
(Samantha Cristoforetti)

Una delle grandi sfide che l'umanità deve affrontare è garantire un'alimentazione sana e sostenibile a tutti gli abitanti del pianeta Terra.
(Samantha Cristoforetti)

traguardo (qui) obiettivo che si vuole raggiungere

Finalmente, lo spazio!

La strada per lo spazio si apre per Samantha la sera
del 18 Maggio 2009. Riceve un'e-mail in cui le comunicano
che l'hanno selezionata come Astronauta dall'ESA.
La Cristoforetti descrive questo momento come uno dei più
felici e intensi* della sua vita. Dice che non ha urlato di gioia,
ma ha sentito una gioia silenziosa, fortissima e "concreta",
perché era riuscita a realizzare quello che sembrava quasi
impossibile: non solo diventare un'astronauta, ma anche
essere la prima italiana nello spazio.

Italiani da record

Nel 2009 solo sei persone sono state scelte
per entrare all'ESA, tra più di 8.000 canditati, e
tra questi sei, oltre a Samantha, c'è un altro italiano,
il siciliano Luca Parmitano. Luca è stato il primo
italiano a effettuare* un'attività "extraveicolare",
cioè a volare nello spazio aperto. Nel 2019 è partito
per la sua seconda missione, questa volta con il ruolo*
di comandante, il primo italiano ad avere questa
carica*. Il 2014, invece, è l'anno di Samantha,
che con la missione Futura 42-43 passerà sei mesi
nella Stazione Spaziale Internazionale. Questa
è un grande laboratorio che gira intorno
alla Terra ogni 90 minuti. In questo laboratorio
si fanno esperimenti in varie discipline, usando
la condizione particolare di "microgravità",
cioè con un livello di gravità molto basso.

intensi (qui) profondamente
emozionanti
effettuare fare
ruolo (qui) quello che si deve
fare nel proprio lavoro
carica ruolo importante

Il sogno diventa realtà

Dopo 3 anni di preparazione, il 23 Novembre 2014,
Samantha parte per lo spazio da Baikonur, in Kazakhistan,
da dove partono tutte le missioni spaziali occidentali.

Rimarrà sulla Stazione Spaziale Internazionale
per 200 giorni durante i quali, oltre al suo lavoro
di scienziata, decide di far conoscere a tutti come
si vive nello spazio. Per questo, scrive un diario
di bordo* (iniziato, comunque, molto tempo prima)
che sarà pubblicato in rete, e non solo, con il titolo
di "Diario di un'apprendista astronauta".
Questa sua opera, tradotta in molte lingue, ha vinto
anche parecchi premi e Samantha ha donato
tutti i guadagni del libro all'Unicef.

Astrosamantha

È il soprannome con cui,
ormai, tutti la chiamano.

bordo (qui) lo spazio dentro un mezzo di trasporto (nave, aereo, auto...)

Caro diario...

Nel diario Samantha spiega come si mangia, come si fa ginnastica e come si dorme nello spazio in condizione di microgravità. Ma anche come si ripara un bagno rotto, come si cammina nello spazio o come ci si taglia i capelli. Ma, oltre a queste curiosità di carattere quotidiano, lei racconta che dallo spazio vedere la Terra è un'esperienza assolutamente straordinaria, perché si vede – con chiarezza – come la Terra si trasformi di giorno in giorno, anche a causa dei cambiamenti climatici. Samantha, quindi, ha sottolineato moltissime volte la necessità di prendersi cura, velocemente, dell'ambiente e di tutto il pianeta Terra.

> I libri mi hanno dato le parole e l'immaginazione.
> (Samantha Cristoforetti)

> Decidere di fare l'astronauta non è come decidere di fare l'avvocato o l'architetto. Si devono verificare una serie di condizioni e ci vuole anche una buona dose di fortuna.
> (Samantha Cristoforetti)

Curiosità

- Samantha ha una grande passione per le lingue straniere, e parla perfettamente l'inglese, il tedesco, il francese, il russo. Ora si sta impegnando a imparare il cinese.
- Fa parte di un gruppo di amiche astronaute che si chiamano "Tank Girls", dal film in cui le donne salvano il mondo dall'Apocalisse. Ogni volta che una donna sta per partire per lo spazio, creano dei cappelli con il nome della missione.
- È stata realizzata una Barbie con il suo aspetto.
- Le hanno dedicato un asteroide, il 15006SamCristoforetti.

Comprensione

1 Segna quali informazioni sono presenti nel testo.

1 Samantha ha iniziato a sognare di diventare un'astronauta quando era piccola. ☐
2 Da bambina, andava a scuola in una grande città. ☐
3 Era una bambina molto intelligente. ☐
4 È cresciuta in mezzo alla natura. ☐
5 Osservava spesso il cielo. ☐
6 Faceva sempre domande ai suoi genitori. ☐
7 Ha frequentato l'università all'estero. ☐
8 Quando faceva l'università, studiava sempre e non usciva mai. ☐
9 Durante gli anni dell'università ha imparato il francese e il russo. ☐
10 Samantha ha iniziato a pilotare aerei militari. ☐
11 Ha ottenuto la sua seconda Laurea all'Università di Napoli. ☐
12 Si è sempre impegnata molto per realizzare il suo sogno. ☐

2 Segna se le frasi sono vere (V) o false (F).

	V	F
1 Samantha ha vissuto nello spazio per dieci mesi.	☐	☐
2 Si è diplomata al Liceo Classico di Trento.	☐	☐
3 È stata in Francia e in Russia per approfondire materie aerospaziali.	☐	☐
4 L'accettano all'ESA nel 2009.	☐	☐
5 Quando lo ha saputo ha urlato di gioia.	☐	☐
6 Parte per lo spazio nel 2020.	☐	☐
7 Mentre è nello spazio, scrive un romanzo.	☐	☐
8 Dallo spazio la Terra sembra sempre uguale.	☐	☐
9 Samantha è molto attenta alle problematiche ambientali.	☐	☐
10 Il suo soprannome è Astrosamantha.	☐	☐

Lessico

3 Che cosa mangiano gli astronauti nello spazio? Cibi pronti, in genere, o semplicemente da scaldare con acqua. Ci sono comunque tre tipi di alimenti che sono molto importanti. Trova 21 parole che appartengono al mondo di Samantha e scoprilo.

T	A	E	S	P	A	Z	I	A	L	E
N	T	X	P	I	A	N	E	T	A	A
A	S	T	R	O	N	A	U	T	A	F
E	P	R	E	M	I	P	R	I	M	A
R	R	A	U	T	O	L	T	A	M	S
O	V	V	E	R	R	A	D	U	I	T
S	R	E	A	E	B	B	U	C	C	A
P	M	I	S	S	I	O	N	E	R	Z
A	T	C	T	P	T	R	I	R	O	I
Z	E	O	E	A	A	A	V	U	G	O
I	R	L	L	Z	L	T	E	O	R	N
A	R	A	L	I	U	O	R	L	A	E
L	A	R	E	O	N	R	S	O	V	R
E	E	E	R	E	A	I	O	A	I	E
C	A	R	I	C	A	O	L	I	T	T
N	A	V	I	C	E	L	L	A	A	E

_ _ _ _ _

_ _ _ _ _ _ _,

_ _ _ _ _ _ _ _

_

_ _ _ _ _ _ _ _.

4 Completa il testo con delle parole appropriate a tua scelta, tenendo conto di quello che hai letto sul Trentino Alto-Adige.

Il Trentino Alto-Adige è una regione a statuto _____, cioè con una particolare _____ rispetto al resto d'Italia, poiché circa un _____ della sua popolazione è di _____ e di lingua _____. La zona del Trentino ha come capoluogo _____, mentre l'Alto-Adige ha come _____ Bolzano. In alcune valli si parla anche il _____, una lingua particolare, autonoma rispetto al tedesco e all'italiano. Il Trentino Alto-Adige è famoso per la bellezza delle sue montagne, costituite da _____ e Dolomiti.

Modi di dire

5 **Ecco alcuni modi di dire. Abbina a ciascuno il significato giusto.**

1 ☐ Andare in orbita
2 ☐ Avere la luna storta
3 ☐ Essere un tipo lunatico
4 ☐ Abbaiare alla luna

5 ☐ Andare a lune
6 ☐ Far vedere la luna nel pozzo
7 ☐ Andare in luna di miele
8 ☐ Essere nell'orbita di qualcuno

a Cambiare spesso idea e umore
b Far parte dei conoscenti, colleghi o amici di qualcuno
c Ingannare qualcuno, fargli credere cose non vere
d Avere un carattere strano e incostante
e Perdere il senso della realtà
f Essere di cattivo umore
g Andare in viaggio di nozze
h Lamentarsi o arrabbiarsi inutilmente

Grammatica

6 **Sottolinea il pronome relativo appropriato e completa le frasi.**

1 Samantha parte per la Missione Futura da Baikonur, **da cui / per cui** sono partite tutte le missione spaziali occidentali.

2 Samantha passa nello spazio alcuni mesi, durante **che / i quali** si impegna a far conoscere la vita nello spazio attraverso un diario, **cui / che** aveva iniziato a scrivere prima della partenza.

3 Nel diario, **in quale / in cui** spiega come si vive nello spazio, descrive la Terra come un pianeta **la quale / che** vive e respira.

4 La sua avventura nello spazio, **su quale / su cui** Samantha ha scritto un libro, è stata importante per rendere il mondo degli astronauti, **del quale / del cui** si sa poco, accessibile a tutti.

5 L'Unicef, **di che / di cui** Samantha è ambasciatrice, ha ricevuto i proventi del libro **cui / che** lei ha scritto.

Scriviamo

7 **A coppie. Immaginate di essere Samantha e scrivete una breve pagina di diario sulla vita in una stazione spaziale. Usate le informazioni che avete letto e, se necessario, cercatene sul web.**

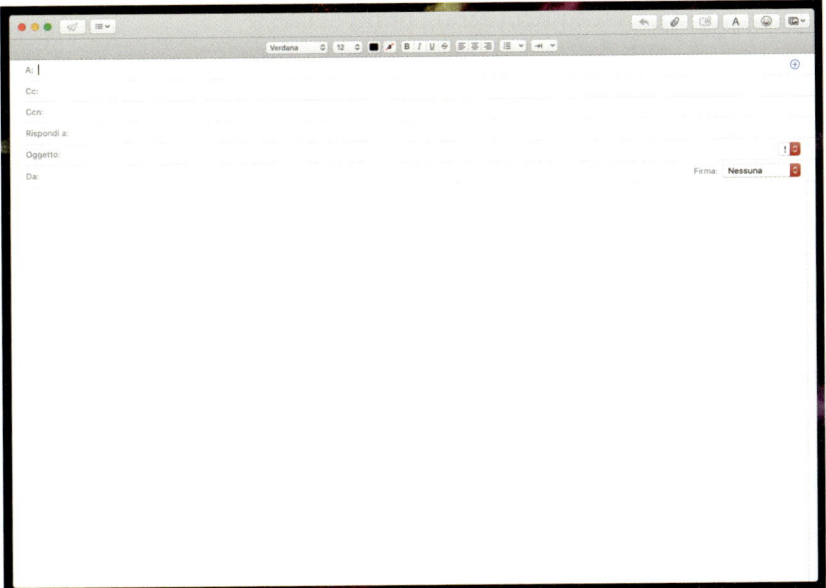

Parliamo

Agenda 2030 - Obiettivo 13

8 **A coppie. Nel testo su Samantha si parla dei cambiamenti climatici e terrestri. Fate una ricerca sul web, prendete appunti sui cambiamenti, secondo voi, più pericolosi e scambiatevi opinioni con le altre coppie. Tenete conto di questi punti:**

1 Avete trovato le stesse cose?
2 Questi problemi cosa riguardano in particolare?
3 Avete trovato in rete delle soluzioni?

Francesco Totti

L'ottavo re di Roma

▶ 5   In Italia, forse non tutti ricordano i nomi dei sette
Re di Roma ma di sicuro tutti conoscono il nome
dell'ottavo Re, Francesco Totti l'amatissimo
capitano* della Roma, che viene chiamato così
dai suoi tifosi, per definirne la grandezza.

    Grandissimo calciatore, così unico nel suo stile,
è diventato un mito. Pelè lo ha nominato tra
i migliori giocatori al mondo, ma è apprezzato*
anche da chi non si interessa di calcio, per la sua
simpatia, la sua spontaneità*, la sua generosità.
È ammirato anche per essere sempre stato fedele
ad una sola squadra, la Roma, la squadra del suo
cuore, quella dove sognava di giocare quando era
bambino e dove ha giocato per tutta la sua carriera.

capitano (qui) il giocatore più importante di una squadra
è apprezzato da piace anche a
spontaneità modo di essere molto naturale
fondatore che ha creato
allevato fatto crescere
ha provocato ha causato anche se non voleva

I sette re di Roma

Roma non è stata sempre un impero, prima è stata una repubblica e, prima ancora, una monarchia,
nella quale hanno governato sette re:

1 Romolo, fondatore* della città e, come si sa,
allevato* da una lupa col suo gemello Remo.

2 Numa Pompilio che ha dato
un'organizzazione religiosa alla città
e instituito il calendario.

3 Tullio Ostilio che ha dato a Roma il potere
sulle popolazioni vicine.

4 Anco Marzio che ha creato la prima colonia
romana, Ostia.

5 Tarquinio Prisco che ha costruito il Circo
Massimo e iniziato la costruzione del Foro
Romano.

6 Servio Tullio che ha fatto costruire le prime
mura per difendere Roma.

7 Tarquinio il Superbo che, con le sue
ingiustizie, ha provocato* la nascita
della repubblica di Roma.

Il ragazzo di Porta Metronia

Porta Metronia è una zona di Roma e Francesco è nato qui il 27 settembre del 1976. Una famiglia molto unita, quella di Totti. Suo padre Enzo aveva il soprannome di "sceriffo" perché era molto organizzato, veloce, e stimolava* sempre Francesco a fare meglio. Non ha mai perso una partita del figlio e la sua pizza alla mortadella era famosa tra i giocatori della Roma.

La mamma Fiorella, invece, era più riservata, ma ha sempre seguito da vicino Francesco che accompagnava, da bambino, agli allenamenti aspettando poi in macchina. E poi Riccardo, il fratello, a cui Francesco è legatissimo. Come tutti i bambini, Francesco amava giocare a calcio ma, a differenza di molti, ha dimostrato subito un talento enorme. Così, a 13 anni, le due grandi squadre rivali della capitale, Roma e Lazio, lo hanno notato in una squadra giovanile. Totti, però, ha scelto la Roma ed è stato l'inizio di un rapporto per la vita!

Il lupo della Roma

Il simbolo della AS Roma è un lupo, che ricorda la lupa di Romolo e Remo, cioè la "lupa capitolina". La ricorda solo, perché il Comune di Roma non ha permesso di usare la lupa nello stemma* della squadra. La mascotte della AS Roma è un lupetto chiamato Romolo (come il primo re) e, infatti, la mascotte ha come numero di maglia il 753, come il 753 a.C., anno della fondazione di Roma.

Una carriera straordinaria

All'età di 16 anni, nel 1993, Francesco inizia a giocare nella Roma. Ha raccontato che, in quella occasione, mentre si cambiava negli spogliatoi* è caduto malamente* perché cercava di togliersi i pantaloni senza togliersi le scarpe: l'emozione era troppa!

Il 4 settembre 1994 segna il suo primo gol in serie A, il primo dei 250 gol in Serie A della sua carriera.

stimolava cercava di farlo migliorare
stemma (qui) logo, bandiera della squadra
spogliatoi stanze nelle palestre, o altro, dove ci si cambia i vestiti
malamente molto male

Nel 1998, a 22 anni, diventa il capitano della squadra e lo resterà per quasi vent'anni e, infatti, uno dei suoi soprannomi è "il Capitano". Il 17 Giugno del 2001 segna il gol che porta la sua squadra allo Scudetto*, con cui la Roma diventa Campione d'Italia.

Dire tutto quello che ha vinto, è impossibile. Diciamo che è il giocatore che ha segnato più gol con la stessa squadra nel massimo campionato italiano, con la Roma ha segnato il record di 307 reti in totale in 786 partite, è stato l'attaccante* con più presenze* in Serie A e, insieme a Maldini, è stato il solo a partecipare a 25 stagioni e il solo ad aver fatto gol in 23 campionati consecutivi. In Champions League è stato il marcatore* più anziano, avendo segnato l'ultimo gol a 38 anni.

Nella sua carriera ha vinto, tra gli altri premi, la Scarpa d'oro come miglior marcatore europeo, il Golden Foot e, primo tra gli italiani, il premio alla carriera ai Laureus World Sports Awards. Nel 2012 è stato eletto il calciatore più popolare d'Europa.

I soprannomi

Bravo, simpatico, alla mano e amatissimo, Totti si è guadagnato veramente un sacco di soprannomi, tra questi:

Il Capitano, con lo slogan "Un Capitano, c'è solo un Capitano, un Capitano", una vera dichiarazione d'amore, questa;

Checco, come diminutivo di Francesco;

Er Pupone (il pupone, in dialetto romano), cioè il ragazzo immaturo ma simpatico;

Tottigol per la sua straordinaria abilità nel fare gol.

Scudetto il piccolo distintivo che i Campioni d'Italia hanno sulla maglia
attaccante giocatore che, per il suo ruolo, deve fare gol
presenze (qui) partite giocate
marcatore il calciatore che ottiene più punti per la sua squadra

2006: Italia Campione del Mondo

Oltre alla maglia giallo-rossa della Roma, Totti ha indossato anche quella azzurra della Nazionale Italiana. I Mondiali del 2006 sono stati particolarmente significativi, sia perché l'Italia è diventata Campione del mondo, sia perché Totti si era infortunato* molto gravemente solo quattro mesi prima. La sua ripresa è stata velocissima, frutto di un impegno* straordinario. Il commissario tecnico della Nazionale, Marcello Lippi, infatti, gli aveva detto: "Tu verrai al mondiale perché, per vincerlo, ho bisogno di te".

Dopo una riabilitazione* fatta di 8 ore di allenamenti al giorno per tre mesi, Totti è partito per la Germania. E abbiamo vinto.

"Er cucchiaio"

Significa "il cucchiaio" in dialetto romano e si tratta di un tiro nella porta avversaria molto difficile da fare. È un tiro lento, che si fa calciando la palla da sotto e… non sempre va bene. È un modo di dire diventato famoso nel 2000, nella partita di semi-finale contro l'Olanda, una partita molto difficile, arrivata ai tiri di rigore*.

Prima di tirare il rigore, sembra che Totti abbia detto: "Mo' je faccio er cucchiao" (Adesso gli faccio "il cucchiaio"). I compagni gli consigliano di non farlo, si dice, perché è un tiro molto rischioso, ma Francesco non li ascolta: tira, fa gol e fa vincere l'Italia.

si era infortunato si era fatto veramente male
impegno grande energia e volontà
riabilitazione ginnastica da fare dopo un'operazione o altro
tiri di rigore (in sintesi) tiri fatti da un punto preciso davanti alla porta avversaria

L'ultima partita

Il 28 maggio 2017 è una data scritta in modo indelebile*
nel cuore di ogni romanista: è l'ultima partita del
Capitano. Quel giorno allo stadio Olimpico, oltre
alla vittoria della Roma e alla classificazione per
la Champions League, si è festeggiato soprattutto
il Capitano, con un evento che ha commosso non
solo i tifosi giallo-rossi, ma tutti gli italiani, avversari
compresi.

indelebile che non si
può cancellare

Lacrime e cori all'Olimpico, per omaggiare un
uomo, che ha dato tutto il suo talento e il suo cuore
per una squadra e per la sua città, di cui è diventato
uno dei simboli.

Le barzellette su Totti

Il modo di fare di Totti, molto semplice e alla mano, ha dato vita
a molte barzellette che Francesco ha raccolto in due libri, il cui
ricavato va all'UNICEF, di cui è ambasciatore. Eccone alcune.

IL PUZZLE
Totti cerca di finire un puzzle.
Ci mette quasi quattro mesi.
Poi gira la scatola e legge le istruzioni,
legge "Dai due ai tre anni"
e commenta:
"Ma allora io sono un genio!"

LA BIBLIOTECA
Notizia sul giornale:
È bruciata la biblioteca di Totti,
conteneva due libri. Totti è disperato:
"Il secondo dovevo ancora
finire di colorarlo!".

IL CAFFÈ
Totti va al bar e ordina un caffè.
Il barista: Eccolo, bello caldo!
Bevilo, se no perde l'aroma.
Totti: Perde la Roma???
Ma che, sei della Lazio?!

Comprensione

1 **Rispondi alle domande.**

1 Chi è Francesco Totti?

....

....

2 Perché è chiamato "l'ottavo re di Roma"?

....

....

3 Per quale motivo è ammirato nel mondo del calcio?

....

....

4 È apprezzato solamente dagli amanti del calcio? Perché?

....

....

5 Secondo te, quali sono le caratteristiche principali del suo carattere?

....

....

6 Secondo te, quali sono i momenti più significativi della sua carriera?

....

....

2 **Metti in ordine cronologico i re di Roma: c'è anche Totti!**

☐ Numa Pompilio   ☐ Servio Tullio
☐ Tarquinio Prisco   ☐ Tarquinio il Superbo
☐ Romolo   ☐ Anco Marzio
☐ Tullio Ostilio   ☐ Francesco Totti

3 Scrivi la data corretta vicino alla frase corrispondente.

> 17 Giugno 2001 • 1993 • 4 Settembre 1994 • 1998

1 _____ Francesco Totti debutta nella Roma.
2 _____ Segna il primo dei 250 gol segnati in Serie A.
3 _____ Diventa il Capitano della sua squadra.
4 _____ Vince lo Scudetto, segnando il gol decisivo.

Grammatica

4 Passato prossimo. Scrivi la terza persona singolare del passato prossimo di questi verbi sotto l'ausiliare giusto nella tabella. Poi usali per scrivere 8 frasi su Francesco Totti.

> cadere • eleggere • instituire • perdere • scegliere • scrivere • dare • essere

Essere	Avere

1 ....
2 ....
3 ....
4 ....
5 ....
6 ....
7 ....
8 ....

Lessico

5a A coppie. Scrivete il significato di queste parole, in base a quello che avete letto nel testo su Francesco Totti.

1 grandezza ....
2 migliore ....
3 generosità ....
4 riservata ....

5 malamente ....
6 significativo ....
7 indelebile ....
8 simbolo ....

5b Ora scrivete per ogni parola dell'esercizio 5a una frase su Totti che la contenga.

1 ....
2 ....
3 ....
4 ....
5 ....
6 ....
7 ....
8 ....

6 Abbina a ogni termine del calcio la definizione giusta.

1 ☐ capitano
2 ☐ calciatore
3 ☐ tifoso
4 ☐ partita
5 ☐ allenamento

6 ☐ tiro di rigore
7 ☐ marcatore
8 ☐ commissario tecnico
9 ☐ attaccante

a giocatore che realizza punti per la propria squadra
b gara tra due squadre di calcio
c preparazione sportiva a una partita
d allenatore della Nazionale
e il giocatore più importante e rappresentativo di una squadra
f il calciatore che ha l'obiettivo principale di fare gol
g tiro fatto direttamente nella porta avversaria da un punto fisso a 11 metri dalla porta
h chi ama una determinata squadra di calcio
i membro di una squadra di calcio

Scriviamo

7 A coppie. Uno/a di voi è un fan di Francesco Totti, l'altro/a invece non lo ama affatto, magari perché non ama proprio il calcio. Scrivetevi una serie di messaggi in cui uno/a spiega perché ammira Totti e l'altro/a perché non lo ammira. Inizia il/la fan.

Parliamo

8 A coppie. Uno/a di voi è un giornalista e l'altro/a Francesco Totti. Immaginate un'intervista e fate a Totti almeno 4 domande. Poi invertite i ruoli. Quando siete pronti/e registrate la vostra intervista e fatela ascoltare alla classe.

MODA

Miuccia Prada

Vuoi essere elegante? Studia!

 6

> "Quello che indossi è il tuo modo
> di presentarti al mondo,
> specialmente oggi che viviamo in un tempo in cui
> il contatto umano è così rapido.
> La moda è un linguaggio istantaneo.*"

Con questa frase, la stilista milanese Miuccia Prada (il suo vero nome è Maria Bianchi) riassume la sua rivoluzione nella moda: uno stile semplice ma di fortissimo impatto*, che si fa notare subito. E continua Miuccia:

> "Quando mi viene chiesto
> come posso essere elegante e ben vestito,
> dico 'studia! Studia moda, studia cinema,
> studia arte e poi studia te stesso"

Studiare è assolutamente necessario perché…

> "È orribile quando le persone
> sono interessate solo ad acquistare
> pezzi di design, questo infatti non porta loro
> la felicità che pensano che gli darà".

istantaneo molto veloce, rapidissimo
impatto (qui) qualcosa che colpisce subito l'attenzione

Dalla politica...
alle borse

Miuccia, nata nel 1949 in una famiglia conservatrice★ della borghesia milanese, si laurea in Scienze Politiche nel 1978 e, in quel periodo, è molto attiva nel mondo politico italiano, lottando per i diritti delle donne.
Nel frattempo, (all'inizio decisamente malvolentieri★) comincia a lavorare nella ditta di famiglia, una pelletteria★ fondata nel 1913, creando borse e dirigendo l'azienda. L'anno del successo mondiale è il 1985, quando lancia sul mercato una linea★ di borse molto semplici e sobrie★, nere lucide, realizzate con un tipo particolare di nylon. Semplicissime borse nere che diventano subito un'icona del lusso anche per le star di Hollywood. Quello che rendeva speciali queste borse era la perfezione delle cuciture e dei dettagli: borse curatissime, pratiche e perfette nella loro semplicità, cosa che rendeva il loro prezzo decisamente molto alto ma non del tutto irraggiungibile. Successivamente il MoMA di New York ha esposto lo zainetto tra le opere d'arte.

Il nylon di Miuccia

Per le sue prime borse Miuccia usa il nylon che suo nonno usava per coprire i preziosi bauli★ in pelle della ditta Prada. Una vera rivoluzione! Non solo Miuccia abbandona la tradizionale pelle, ma per le sue collezioni usa un materiale del tutto estraneo alla moda, addirittura "di scarto" "roba da magazzino★". Con questa collezione high-tech Miuccia vuole comunicare che la moda può avere una funzione pratica, non solo estetica. Alcuni esperti del settore criticano fortemente questa scelta controcorrente★, ma le borse di Miuccia diventano in pochissimo tempo un simbolo di modernità e praticità, diventano uno "status symbol".

conservatrice molto tradizionale
malvolentieri non volentieri, senza volerlo per niente
pelletteria (qui) azienda che produce borse, cinture e altri oggetti in cuoio
linea (qui) una serie
sobrie (qui) molto semplici, senza decorazioni
bauli una specie di valigie molto grandi
magazzino luogo dove si tengono le cose da vendere
controcorrente diversa da tutti le altri, opposta

Gli abiti

Nel 1989 Miuccia esce dal mondo della pelletteria e degli accessori per entrare direttamente in quello degli abiti e presenta la sua prima collezione di prêt-à-porter Autunno-Inverno. Lo stile semplice ed elegante è nettamente* in contrasto con le stranezze e le decorazioni di altri stilisti di quel periodo, aumentando a dismisura* il successo del marchio Prada.

Il "brutto" nella moda

Quello che Miuccia ha fatto è stato dare un'interpretazione completamente nuova del concetto di "brutto", creando abiti e accessori di un'eleganza "inusuale", ma molto comodi da portare ed estremamente raffinati*. Miuccia, amante del *trash*, ha saputo ispirarsi al "cattivo gusto" per inventare un nuovo tipo di eleganza e, anche se le ultime collezioni sono indiscutibilmente più vistose e appariscenti*, l'equilibrio tra decorazioni, abbinamenti di colore e semplicità è assolutamente perfetto. Negli anni Miuccia è diventata una delle più influenti ed enigmatiche *fashion designer* di tutti i tempi e risponde al concetto di aver portato "il brutto" nella moda dicendo:

"Ho solo introdotto la vita normale, autentica!"

nettamente decisamente, totalmente
a dismisura davvero moltissimo
raffinati di grande eleganza
vistose e appariscenti che richiamano eccessivamente l'attenzione

L'impero Prada

Eccentricità e funzionalità: queste sono le due parole chiave per Miuccia, che preferisce creare abiti particolari, ma sempre facili da indossare e vendibili. Esempi dell'esagerazione di Prada sono le famose scarpe con le fiamme e i tessuti con una fantasia* a banane. Negli anni '90 Prada si espande internazionalmente aprendo alcuni negozi in Cina, Giappone e negli Stati Uniti. Inoltre vengono realizzate la linea uomo, la linea giovanile chiamata Miu Miu dal soprannome della sua ideatrice, e la linea sportiva, chiamata Linea rossa. Patrizio Bertelli, suo partner da sempre oltre che suo marito, e Miuccia comprano anche diversi marchi di abbigliamento e di calzature, creando un impero da 11 miliardi di dollari. Patrizio e Miuccia, che hanno creato un indistruttibile sodalizio* lavorativo e sentimentale, hanno due figli, Giulio e Lorenzo. Lorenzo, che succederà al padre come Amministratore Delegato del Gruppo Prada, fin dal suo ingresso nell'azienda, ha iniziato a trainarla verso il futuro, adottando misure ecosostenibili, come la campagna re-nylon, per creare capi dalla plastica riciclata.

Luna Rossa

Prada è lo sponsor ufficiale di Luna Rossa, la squadra di vela nata nel 1997 dalla passione di Bertelli per le barche a vela. Luna Rossa ha gareggiato varie volte nell'America's Cup, il più antico trofeo sportivo del mondo, e il più famoso nello sport della vela.

fantasia (qui) disegno sulla stoffa
sodalizio fortissima unione tra due persone

La Fondazione Prada

Da sempre appassionata di arte moderna,
Miuccia Prada ha sempre collezionato opere
d'arte ma, nel 1993, ha deciso di metterle
a disposizione di tutti, creando appunto
la Fondazione Prada, che oggi ha
2 sedi a Milano e una a Venezia.
La Fondazione è una delle
più importanti e attive
istituzioni culturali italiane
e ha lo scopo di valorizzare
in Italia e all'estero
la cultura, l'arte e il design.

Fondazione Prada, Milano.

Negozi o computer?

Miuccia è una rivoluzionaria anche nella struttura dei suoi
negozi. Un esempio di questo sono gli Stores Prada di SoHo
a New York, e di Beverly Hills a Los Angeles. Sono negozi
che usano le tecniche del visual merchandising, mai viste
prima nel mondo della moda e Miuccia è stata una pioniera
in questo. I camerini*, per esempio, hanno uno schermo
al plasma e i clienti possono vedersi sia di fronte che
di spalle o da qualsiasi angolazione vogliano o rivedere ogni
vestito che hanno provato. È possibile anche modificare la
luce, per vedere che effetto fa il vestito la sera. Per chiamare
il commesso non c'è più bisogno di tirare fuori la testa dal
camerino e chiamarlo a voce: un sistema radio e un semplice
tocco sul touchscreen fanno sì che arrivi subito un vestito
di un'altra taglia o colore e le informazioni di cui il cliente
ha bisogno. E molto, molto altro.

camerini nei negozi, stanze dove si provano i vestiti

Comprensione

1 **Segna quali informazioni sono presenti nel testo.**

1 Miuccia cresce in una famiglia numerosa. ☐
2 Miuccia ha sempre avuto a cuore i diritti delle donne. ☐
3 Miuccia ha una laurea Scienze Politiche. ☐
4 Comincia volentieri a lavorare nell'azienda di famiglia. ☐
5 L'azienda di famiglia è una pelletteria, fondata nel 1913. ☐
6 Il successo arriva nel 1985 con le borse di nylon. ☐
7 L'attrice Jennifer Love Hewitt porta spesso la sua
borsa Prada del 2008. ☐
8 L'attrice Sienna Miller è una grande fan delle creazioni
Prada. ☐
9 Lo zainetto Prada è esposto al MoMA di New York. ☐
10 Le borse di Miuccia sono un simbolo di modernità. ☐
11 Miuccia non ha portato "il brutto" nella moda,
ma la vita vera, normale. ☐
12 Gli schermi nei negozi Prada trasmettono anche sfilate,
interviste e altro. ☐

2 **Completa le frasi con le informazioni che hai letto.**

1 La Fondazione Prada è ....
....

2 Patrizio Bertelli è ....
....

3 I concetti che sono alla base della moda Prada sono ....
....
....

4 Miuccia Prada, dicono, ha portato il "brutto" nella moda, ma ....
....
....

5 Lo stile degli abiti di Prada è ....
....
....

3 **Rispondi alle domande.**

1 Qual è la rivoluzione estetica a cui Prada dà inizio?

2 Quali sono le caratteristiche della prima linea femminile di Prada?

3 Come concepisce la moda Miuccia?

Parliamo

Role play

4 **A coppie. Svolgete il dialogo, immaginando di essere uno dei due personaggi presentati. Poi scambiatevi i ruoli.**

Ruolo A

Sei Miuccia Prada. Stai per incontrare un/una giovane designer che vorrebbe lavorare nella tua azienda. Fai delle domande per capire se è la persona adatta per questo lavoro.

Ruolo B

Immagina di essere un/una giovane designer di moda. Hai un colloquio di lavoro per lavorare da Prada: è l'occasione della tua vita! Devi convincere Miuccia ad assumerti.

Lessico

5 **Scrivi ogni parola nel riquadro vicino alla definizione giusta.**

> controcorrente • enigmatica • eccentricità • funzionalità •
> pioniera • sodalizio

1 ....: persona che anticipa le tendenze

2 ....: società, unione

3 ....: grande originalità, particolarità

4 ....: difficile da capire

5 ....: utilità e praticità

6 ....: diverso/a da tutti gli altri

6 **Abbina queste parole della moda alla loro definizione.**

1 ☐ abbinare   **8** ☐ lanciare sul mercato

2 ☐ accessori   **9** ☐ linea

3 ☐ capo   **10** ☐ marchio

4 ☐ collezione   **11** ☐ materiale

5 ☐ comodi   **12** ☐ pelletteria

6 ☐ espandersi   **13** ☐ raffinato/a

7 ☐ fantasia   **14** ☐ sobrio/a

a serie di vestiti creati per uno specifico tipo di clienti (giovani, sportivi...)

b veramente molto elegante

c creare negozi e altro all'estero

d serie di abiti creati per una certa stagione

e borse, cinture, cappelli, collane...

f mettere insieme, con eleganza, stoffe o colori

g elegante ma molto semplice

h tipo di stoffa, pelle o altro con cui si crea un abito o altro

i disegno su una stoffa

l ditta che produce borse, valigie o simili

m è sinonimo di "azienda" ma anche di "logo"

n indumento

o proporre al pubblico

p che non danno fastidio quando li indossi

Grammatica

7a Avverbi e locuzioni avverbiali. A coppie. Consultatevi brevemente sul significato degli avverbi e locuzioni avverbiali nel riquadro, poi usateli per completare le frasi. Sono possibili più soluzioni. Infine, confrontatevi con la classe

> a dismisura • addirittura • appunto • decisamente • del tutto • estremamente • indiscutibilmente • malvolentieri • nettamente

1 Le scarpe con i tacchi alti non mi piacciono e le indosso sempre _____.

2 Non posso comprare questa borsa! È _____ troppo costosa!

3 Ho eliminato _____ i jeans dal mio modo di vestire, perché mi stanno male.

4 Adoro le scarpe di Prada! Lo scorso mese ne ho comprate _____ tre paia!

5 Trovo gli stivali _____ comodi d'inverno e li indosso spesso.

6 Laura è sempre elegante... è _____ una persona raffinata.

7 Che bel vestito! Ne cercavo _____ uno così per la festa di sabato.

8 Filippo si veste meglio ora, il suo stile è _____ migliorato rispetto al passato.

9 Il cattivo gusto dilaga _____! Non c'è più gente veramente elegante in giro.

7b Parlando tra voi quali significati avete trovato per gli avverbi e locuzioni dell'esercizio 7a? Scriveteli vicino ad ognuno.

a dismisura .... estremamente ....
addirittura .... indiscutibilmente ....
appunto .... malvolentieri ....
decisamente .... nettamente ....
del tutto ....

Gino Strada

Un grande medico, un uomo straordinario

▶ 7 Di Luigi Strada, detto Gino, (1948-2021) hanno scritto "Gino Strada arriva quando tutti scappano, e mette in piedi* ospedali di fortuna*, spesso senza l'attrezzatura e le medicine necessarie, quando la guerra esplode nella sua lucida follia". Medico e chirurgo di guerra, è stato il fondatore di Emergency, un'associazione indipendente e neutrale*, che porta assistenza medica di alto livello e gratuita alle vittime delle guerre, delle mine anti-uomo e dei poveri in vari Paesi del mondo. Dall'anno della sua fondazione, il 1994, Emergency ha curato più di 11 milioni di persone. Come è scritto sul loro sito www.emergency.it: "Curiamo una persona ogni minuto. Dal 1994". Gino Strada è stato non solo il fondatore di Emergency, ma l'anima, il cuore di questa associazione, insieme a sua moglie Teresa, scomparsa* nel 2009. Ora la figlia Cecilia porta avanti questo straordinario sogno realizzato, quello di lavorare concretamente per la pace.

mette in piedi crea, organizza
di fortuna senza il necessario, solo con quello che trova sul posto
neutrale estranea a ogni conflitto, a ogni guerra
scomparsa morta

"Non esistono scommesse impossibili"
(Gino Strada)

"Credo che la guerra sia una cosa che rappresenta la più grande vergogna dell'umanità"
(Gino Strada)

La creazione di Emergency

Gino Strada è sempre stato molto attento ai problemi sociali e,
dopo la laurea in Medicina e Chirurgia nel 1978, si è specializzato
dapprima in Chirurgia d'urgenza e, in seguito, in Cardiochirurgia.
Nel 1988 ha iniziato a collaborare con la Croce Rossa, curando
i feriti di guerra in vari Paesi del mondo. Lavorando proprio sui
territori di guerra, Gino e alcuni suoi colleghi capiscono che c'è
una differenza enorme tra i bisogni delle persone, in particolare
dei feriti, e le risorse* disponibili per aiutarli: decidono quindi di
unire le proprie forze e "dare una mano" concretamente. Così,
nel 1994 Gino Strada, insieme alla moglie e ad alcuni amici, decide
di dare vita ad una organizzazione umanitaria: Emergency, appunto.
Dopo 25 anni dalla fondazione, durante un'intervista, Gino ha detto
che Emergency all'inizio "era solo una goccia
in più rispetto all'esistente ma ancora oggi,
dopo 25 anni, c'è bisogno di così tante gocce,
che le chiamerei un temporale".

EMERGENCY

Il diritto universale alla cura

La prima missione ufficiale di Emergency
è stata in Ruanda nel 1994, durante il genocidio*
in cui perse la vita quasi un milione di persone.
Successivamente va in Cambogia, in Afghanistan,
in Sierra Leone e in tantissimi altri luoghi nel
mondo afflitti* da guerra e povertà. Emergency
porta cure specialistiche, grande professionalità
e grande umanità ovunque ce ne sia il bisogno.
Gino Strada ha sempre asserito* che il diritto
di essere curati è un diritto universale, che
le cure devono essere sempre di altissima qualità
e che devono essere gratuite per tutti.

risorse mezzi, strumenti necessari
per fare qualcosa
genocidio uccisione di moltissime
persone
afflitti tormentati, vittime di
asserito detto con chiarezza e
convinzione

Diceva: "I diritti degli uomini devono essere di tutti, proprio di tutti, altrimenti bisogna chiamarli privilegi". Sulla base di questa convinzione, Strada ha creato centri medici gratuiti e di eccellenza*, in Paesi dove le cure garantite alla popolazione erano davvero minime o inesistenti.

> "Fare il chirurgo di guerra mi piace, anzi, non riesco a immaginare un altro mestiere che possa piacermi di più"
> (Gino Strada)

Ospedali veri

In totale Emergency ha aperto più di 70 strutture sanitarie in tutto il mondo, non semplici tende o strutture temporanee, ma cliniche moderne, proprio come quelle che si trovano nella parte ricca del mondo, perché "se si vuole veramente affermare che gli esseri umani sono tutti uguali, bisogna dimostrarlo. Se in Africa gli ospedali sono fatiscenti* e inaffidabili, non è vero gli esseri umani sono considerati in modo egualitario".

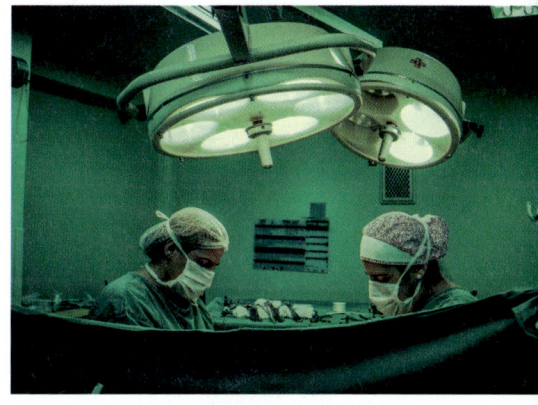

di eccellenza che offrono una qualità straordinaria, eccezionale
fatiscenti troppo vecchi, rotti e disorganizzati

> "L'importante è capire fino in fondo che, se ci sono persone che hanno bisogno di essere curate, questo va fatto"
> (Gino Strada)

Gino Strada e l'Afghanistan

Nel 1998 Gino è andato in Afghanistan, dove ha fatto costruire
il primo centro chirurgico per vittime di guerra nel Paese.
In sette anni, Gino ha operato migliaia di feriti e ha aperto altri
centri di cura. Il legame tra Gino e l'Afghanistan è sempre stato
molto forte, tanto da protestare con forza contro la guerra
del 2001, affermando che l'unica verità di una guerra sono
le vittime, di cui il 90 % sono civili. Strada ha sempre lottato
per la fine di tutte le guerre. Gino Strada era un uomo pratico
e concreto, che si definiva, semplicemente,
"un chirurgo di guerra".
Per difendere i principi di pace, anche
il giorno prima della sua morte, avvenuta
improvvisamente il 13 Agosto 2021, aveva
scritto un articolo in cui parlava della
situazione tragica dell'Afghanistan.

Pappagalli verdi

È il libro scritto da Gino Strada, il titolo completo
è "Pappagalli verdi: cronache di un chirurgo di
guerra". In questo libro, Strada racconta i ricordi più
strazianti*, le tante amarezze e delusioni di medico
"sul campo", limitato in tutti i modi sia dalla guerra
stessa che dalle diverse autorità.

    I "pappagalli verdi" del titolo sono, in realtà,
delle mine fatte per mutilare* in particolare
i bambini: sembrano giocattoli e le ali che hanno
ai lati servono a farle volare meglio e quindi ferire,
e mutilare, di più.

strazianti estremamente
dolorosi
mutilare portare via intere
parti del corpo

Renzo Piano in Uganda

Costruire ospedali veri: un'idea importantissima che
ha coinvolto* anche il grande architetto Renzo Piano che,
su richiesta di Gino Strada, ha disegnato un ospedale
pediatrico di eccellenza in Uganda, naturalmente
"pro bono" cioè senza ricevere denaro per il proprio lavoro.
L'inaugurazione della struttura è stata nel 2021 e l'ospedale,
estremamente funzionale, moderno ed ecologico,
è un modello straordinario per le future strutture mediche
di questo genere nel mondo. L'ospedale, costruito con
le tecniche tradizionali del Paese, è totalmente ecologico,
con pannelli solari e, intorno, tantissimi alberi per
creare una foresta. Il sogno di Gino era fare un ospedale
"scandalosamente* bello"… un altro sogno realizzato.

ha coinvolto ha fatto lavorare allo stesso progetto
scandalosamente (qui) veramente molto

Una missione
"non impossibile"

Gino Strada è stato la guida e il maestro
di medici, infermieri e volontari di Emergency
che vedono ogni giorno gli effetti tremendi
della guerra sulle persone: per questo motivo
si sono sempre impegnati nel portare avanti
quotidianamente valori di pace, solidarietà e
rispetto dei diritti umani. Gino Strada diceva:
"Sappiamo che stiamo solo piantando
dei semi, e non abbiamo idea se almeno uno
di questi semi diventerà un albero, ma almeno
ci abbiamo provato." Concretezza, agire
concretamente per fare.

Right Livelihood Award

Nel 2015 a Stoccolma Gino
Strada ha ricevuto il premio
Right Livelihood Award,
detto anche "Premio Nobel
Alternativo", per la sua grande
umanità e per il suo continuo
impegno nell'aiutare le vittime
di guerre e ingiustizie.

Grammatica

1a Le frasi temporali. Completa le frasi con le parole nel riquadro.

> all'inizio • dal • dall' • dapprima • dopo • il • in • in seguito
> • nel • nel • nel • ora • prima • quando • quando • sempre
> • sempre • spesso • successivamente

1 Hanno scritto che Gino Strada arriva _____ tutti scappano.
2 Molto _____ ha dovuto lavorare senza l'attrezzatura necessaria.
3 Deve lavorare proprio _____ la guerra esplode in tutta la sua violenza.
4 _____anno della sua fondazione, Emergency ha curato più di 11 milioni di persone.
5 "Curiamo una persona ogni minuto. _____ 1994".
6 La moglie di Gino Strada, Teresa, è morta _____ 2009.
7 _____ la figlia di Gino, Cecilia, porta avanti l'attività di Emergency.
8 Gino Strada si è laureato in Medicina e Chirurgia _____ 1978.
9 Si è specializzato _____ in Chirurgia d'urgenza e, _____, in Cardiochirurgia.
10 _____ 1988 ha iniziato a collaborare con la Croce Rossa.
11 _____ 25 anni dalla fondazione, Emergency è _____ presente dove ci sia una guerra.
12 _____ Emergency era solo una "goccia".
13 Gino Strada _____ ha lavorato in Afghanistan e _____ è andato in Cambogia, in Afghanistan, in Sierra Leone.
14 Gino Strada ha _____ asserito che il diritto di essere curati è un diritto universale.
15 __ sette anni, Gino ha operato migliaia di feriti in Afghanistan.
16 È morto improvvisamente _____ 13 Agosto 2021.

1b Ora riassumi, brevemente, una parte della vita di Gino Strada che ti ha interessato in modo particolare, inserendo almeno quattro frasi temporali.

2 Discorso indiretto. Trasforma le frasi usando il discorso indiretto. Guarda l'esempio. Puoi usare verbi come *dire*, *affermare*, *dichiarare*, *pensare*... attenzione all'identità di soggetto!

Noi medici di Emergency curiamo una persona ogni minuto.
Un medico di Emergency sostiene che l'associazione cura una persona ogni minuto

1 Luisa: "Secondo me, Gino strada è stato l'anima, il cuore di Emergency".
....

2 Cecilia Strada: "È importante lavorare concretamente per la pace".
....

3 Gino Strada: "Non esistono scommesse impossibili".
....

4 Gino Strada: "Fare il chirurgo di guerra mi piace".
....

5 Renzo Piano: "Ho accettato di costruire l'ospedale in Uganda pro bono".
....

6 Gino Strada: "È importantissimo costruire ospedali veri e di eccellenza".
....

7 Renzo Piano: "Gino voleva un ospedale scandalosamente bello in Uganda".
....

8 Gino Strada: "Sono solo un chirurgo di guerra".
....

Lessico

3 **Espressioni idiomatiche. Abbina a ciascuna il significato corretto.**

1 ☐ dare vita a qualcosa
2 ☐ essere una goccia nel mare
3 ☐ mettere in piedi
4 ☐ perdere la vita
5 ☐ piantare un seme
6 ☐ portare avanti
7 ☐ pro bono (latino)
8 ☐ essere una cosa di eccellenza

a ☐ continuare a fare qualcosa
b ☐ morire
c ☐ fare qualcosa per il bene di altri, senza essere pagati
d ☐ iniziare qualcosa che avrà risultati importanti
e ☐ non essere assolutamente sufficiente
f ☐ creare qualcosa
g ☐ costruire
h ☐ essere qualcosa di altissima qualità

Riflettiamo

16 PACE, GIUSTIZIA E ISTITUZIONI SOLIDE

Agenda 2030 - Obiettivo 16

4 **Spiega a parole tue le seguenti frasi pronunciate da Gino Strada.**

1 Emergency "era solo una goccia in più rispetto all'esistente, ma ancora oggi, dopo 25 anni, c'è bisogno di così tante gocce, che le chiamerei un temporale".
....

2 "I diritti degli uomini devono essere di tutti, proprio di tutti, altrimenti bisogna chiamarli privilegi".
....

3 "Sappiamo che stiamo solo piantando dei semi, e non abbiamo idea se almeno uno di questi semi diventerà un albero, ma almeno ci abbiamo provato".
....

4 "Le vittime di una guerra, qualsiasi guerra, sono sempre i civili, che non hanno colpe. Ecco perché la guerra è sbagliata in sé".
....

5 **A coppie. Questo è un brano tratto da "Pappagalli verdi" (Feltrinelli, 1999), il libro scritto da Gino Strada. Sottolineate i concetti che vi colpiscono di più e spiegate brevemente perché. Confrontatevi per le parole che non conoscete, cercatele sul web o chiedete aiuto all'insegnante.**

Nei conflitti di oggi, più del novanta per cento delle vittime sono civili. Migliaia di donne, di bambini, di uomini inermi sono uccisi ogni anno nel mondo. Molti di più sono i feriti e i mutilati.
[...] Emergency si è impegnata per anni a far sì che il nostro paese mettesse al bando queste armi. Il 22 ottobre 1997 il governo italiano ha approvato la legge n. 374 che impedisce la produzione e il commercio delle mine antiuomo. Ma i 110 milioni di ordigni disseminati in 67 paesi continueranno a ferire, mutilare, uccidere.

Scriviamo

6 **A coppie. Rispondete alle domande e, usando le vostre risposte come appunti, scrivete un breve articolo su Gino Strada per un blog che si occupa di pace. Date anche un nome al blog.**

1 Che cosa porta Gino Strada e alcuni suoi colleghi a fondare Emergency?
2 Su quali idee e principi si basa il lavoro di Emergency?
3 Secondo voi, perché Gino si definiva solo "chirurgo di guerra"?
4 Secondo voi, qual è la cosa più importante che ha fatto?
5 Quale potrebbe essere uno slogan che riassuma la sua attività? Usatelo come titolo dell'articolo.

Raffaella Carrà

*"La mia carriera è stato un continuo sorprendermi,
e questo è il massimo:
gioire di una piccola o di una grande cosa significa vivere"*

(Raffaella Carrà)

"Non mi piace, quindi non lo faccio"

▶ 8 Raffaella Carrà non è stata solo un'artista di grande talento, che ha
lavorato tra cinema, tv, musica e teatro sia in Italia che nel mondo,
tanto da essere la "regina della televisione italiana", ma soprattutto
un personaggio amatissimo e, per circa 60 anni di carriera,
un esempio di libertà, modernità, allegria e intelligenza artistica
e morale. Raffaella Carrà (1943-2021) era la "Raffa nazionale", con
il suo famoso caschetto* di capelli biondi, imitatissimo, i suoi abiti
scintillanti* di paillettes e la sua risata forte, allegra e inconfondibile*.
La chiamavano anche "la signora del no", perché se una cosa non le
piaceva, non la faceva. Il direttore di Rai 3, per esempio, nel 2019 le
aveva proposto tre programmi per convincerla a tornare in tv, ma lei
li aveva rifiutati tutti, perché nessuno le piaceva. Un'artista più unica
che rara*, insomma, a cui non interessava essere sempre in tv, tanto
da dosare bene la sua presenza sul piccolo schermo e, con l'età,
scegliere solo programmi adatti a una "vecchia signora". Nel 2019,
per esempio, ha accettato di condurre* "A raccontare comincia tu"
(dal titolo di una sua famosa canzone) che, con le sue interviste, le
permetteva di avere quello che a lei piaceva di più: il contatto umano.

---

caschetto taglio di capelli, liscio e pari in fondo, che incornicia il viso
scintillanti molto luminosi, che brillano
inconfondibile assolutamente unica, non può essere confusa con altre

più unica che rara (modo di dire) davvero unica, non c'è
nessuna come lei
condurre presentare una trasmissione televisiva

Che scandalo!

Raffaella Pelloni (Carrà è un nome d'arte, ispirato al famoso pittore bolognese Carlo Carrà) nasce a Bologna nel 1943 e cresce senza un padre, con due donne forti e indipendenti, la nonna e la madre. Questa, infatti, aveva avuto il coraggio di divorziare, in un'epoca in cui il divorziare era inconcepibile*. In queste due donne Raffaella trova un modello importante: donne che sanno scegliere, cambiare le cose e fare ciò che è meglio per loro.

inconcepibile che non si può né capire né immaginare
riservatezza discrezione

Dal cinema alla tv

Il debutto* di Raffaella è nel cinema, a soli 8 anni, recitando in "Tormento del passato", uno dei film drammatici e strappalacrime* che andavano di moda all'epoca. Nel 1965 recita con il cantante americano Frank Sinatra in "Il colonnello Von Ryan", ma il cinema non è adatto a lei e, così, inizia a lavorare in televisione, recitando con il mitico Domenico Modugno (quello della canzone "Nel blu dipinto di blu") nello sceneggiato* "Scaramouche" (1965). Poi il grande passo* verso il varietà, lo show televisivo, di cui è stata in assoluto la regina.

debutto primo spettacolo in pubblico
strappalacrime eccessivamente e banalmente commoventi, patetici

sceneggiato serie tv
grande passo (modo di dire) grande e coraggioso cambiamento

Racconta Raffaella: "Avrò avuto vent'anni, non ero nessuno e non avevo fatto ancora niente. Mi trovai in uno studio televisivo davanti a un dirigente loquace* ed entusiasta: "Lei è fortunata. La vede quella scalinata? La scenderà, ogni settimana, con un abito meraviglioso e una benda sugli occhi. Nell'ultima puntata se la toglierà, per annunciare i premi della Lotteria Italia". Lo guardai e poi dissi: "Grazie, ma odio le scale, in giro ci sono almeno ottomila ragazze più belle di me e questa cosa può farla chiunque. Lei forse non lo sa, ma lo scoprirà: io sono bravissima".

Milleluci (1974).

I programmi "storici" di Raffa

* **Io, Agata e tu** (1970). Raffaella dimostra per la prima volta il suo talento in uno show televisivo.
* **Canzonissima**. Era una gara di canzoni molto seguita. Nel 1970 Raffaella fa una cosa impensabile* e "scandalosa": indossa in tv un abito modernissimo che lascia l'ombelico scoperto, un simbolo di coraggio e modernità per le ragazze del tempo. Nel 1971, altra innovazione: il ballo-gioco "Tuca Tuca" in cui due persone, ballando, si toccano a vicenda* con la punta delle dita. La censura colpisce la canzone ma, durante una puntata di Canzonissima, il grandissimo attore Alberto Sordi chiede di ballarla con Raffaella: l'esibizione, tra le risate di Sordi e Raffaella, ha un successo enorme tanto che il "Tuca Tuca" diventa un fenomeno popolare* che ballano anche i bambini. E si unisce a "Ma che musica, maestro!" fortunatissima sigla del programma.
* **Milleluci** (1974): spettacolo indimenticabile con la cantante Mina; è la prima volta che due donne, senza un collega maschio, conducono un programma tv. Le loro esibizioni e i loro duetti* restano memorabili.

loquace che parla moltissimo
impensabile che non si può neanche immaginare
a vicenda a turno
fenomeno popolare una moda amata da tutti
duetti (qui) canzoni cantate insieme, in due

- ⭑ **Pronto, Raffaella?** (1983-1985): anche questo programma è stato una sfida e una novità. È il primo show… all'ora di pranzo. Ospiti, musica e quiz che tenevano milioni di telespettatori incollati allo schermo; un successo così clamoroso* che Raffaella vince il titolo di Personaggio televisivo femminile a livello europeo nel 1984.
- ⭑ **Fantastico**: lo show che ha caratterizzato il sabato sera degli anni '80.
- ⭑ **Carramba! Che sorpresa** (anni '90): un tipo di trasmissione del tutto nuova in cui, ogni sabato sera, c'era un incontro a sorpresa tra due persone che avevano perso i contatti da anni. Un successo così grande che il titolo è diventato un modo di dire, come la parola "carrambata", inserita nei dizionari con il significato di "incontro inaspettato tra persone che non si vedono da anni".

Hanno detto di lei

- Il presidente della Repubblica Sergio Mattarella: "Ha trasmesso un messaggio di eleganza, gentilezza e ottimismo".
- Mario Draghi Presidente del Consiglio: "La sua risata e la sua generosità hanno accompagnato generazioni di italiani e portato il nome dell'Italia nel mondo".
- Dario Franceschini (Ministro della Cultura): "Signora della televisione italiana".
- Pippo Baudo (famoso presentatore tv): "Se n'è andata l'ultima grande vera soubrette".
- Renzo Arbore (famoso showman): "Era il periodo più bello della tv, la bella televisione".

clamoroso grandissimo e incredibile

Le canzoni

Tutte le canzoni di Raffaella hanno avuto un successo clamoroso, con più di 60 milioni di copie vendute e, ancora oggi, 500mila ascolti al mese su Spotify. E molte, anche se spesso allegre, spensierate e ballabili, hanno anticipato i tempi. Tra queste, "Rumore" (1974) è la storia di una donna che lascia il compagno e decide di fare da sé, anche se poi "da sola non mi sento sicura, mai": un argomento importante negli anni della lotta femminista per i diritti delle donne. La canzone vende più di dieci milioni di copie ed è la prima canzone dance italiana. "A far l'amore comincia tu" è la storia di una donna forte e indipendente e vende 20 milioni di copie: oggi la ritroviamo all'inizio del film premio Oscar "La grande bellezza" di Paolo Sorrentino. "Ballo ballo" (1982), invece, è un inno* alla vita e alla magia della musica e del ballo, che ci rendono felicemente consapevoli di esistere. Insomma, una carriera di successi grandissimi che raccontano – sempre in modo garbato* – la lotta delle donne per il loro diritto a vivere come preferiscono.

inno (qui) canzone fatta per celebrare qualcosa
garbato elegante ed educato

Star mondiale ed eterna

Amatissima anche all'estero, soprattutto in Spagna e in Argentina, ha dichiarato più volte: "Non amo cantare; cantare mi serve solo per ballare. Muoversi, ballare, scaccia le frustrazioni della vita di tutti i giorni". Ballare era la sua vera passione, perché attraverso il ballo voleva trasmettere l'importanza di esprimere le emozioni e non reprimerle. Ha venduto più di 60 milioni di dischi in tutto il mondo e ha ottenuto 22 dischi d'oro e di platino. La sua grandezza non è legata solo alla quantità di copie vendute, ma anche e soprattutto alla sua "immortalità", cioè al fatto che i ragazzi di oggi ballano le sue canzoni, così come quelli degli anni '70.

Comprensione

1 **Segna se le frasi sono vere (V) o false (F).**

		V	F
1	Raffaella Carrà era la regina del cinema italiano.	☐	☐
2	Il suo nome d'arte era Raffaella Pelloni.	☐	☐
3	È cresciuta con due donne forti e indipendenti, la madre e la nonna.	☐	☐
4	Aveva un taglio di capelli particolare, per cui era famosa.	☐	☐
5	Raffaella accettava qualsiasi tipo di lavoro che le veniva proposto.	☐	☐
6	Il suo ultimo lavoro in televisione è stato "Io, Agata e tu".	☐	☐
7	Balla il "Tuca Tuca" con Marcello Mastroianni.	☐	☐
8	Milleluci è il primo programma in tv con due donne presentatrici.	☐	☐
9	"A raccontare comincia tu" prende il titolo da una delle sue canzoni più famose.	☐	☐
10	"Rumore" è il titolo di un programma televisivo.	☐	☐
11	Raffaella fa scandalo indossando una minigonna molto corta.	☐	☐
12	Negli anni '70 diventa simbolo di modernità e coraggio per le ragazze del tempo.	☐	☐
13	Le sue canzoni, sempre ballabili, avevano però messaggi importanti per le donne.	☐	☐
14	Ha venduto quasi 30 milioni di dischi.	☐	☐

Scriviamo e riflettiamo

2 **Rispondi alle domande.**

1 Perché Raffaella è un'artista "più unica che rara"?

2 Perché nel mondo della tv la chiamavano "la signora del no"?

3 Perché ha rivoluzionato la tv italiana?

4 Perché può essere definita con le parole "libertà" e "Rumore"?

Lessico

3 **Abbina ogni parola legata alla tv e allo spettacolo in genere al suo significato.**

1 ☐ debutto

2 ☐ sceneggiato

3 ☐ piccolo schermo

4 ☐ sigla

5 ☐ duetto

6 ☐ riflettori

7 ☐ spettatore

8 ☐ condurre

9 ☐ nome d'arte

10 ☐ ballabile

a nome che un artista usa al posto di quello vero

b chi guarda una trasmissione tv

c lo schermo del televisore

d con un ritmo su cui si può ballare

e due artisti che si esibiscono insieme

f presentare una trasmissione tv

g il primo spettacolo di una carriera artistica

h canzone o musica iniziale di un programma

i luci per il palcoscenico e spettacoli

l serie tv

4 Espressioni idiomatiche: scegli il significato giusto.

1 Essere più unico che raro
   a ☐ non amare la compagnia degli altri
   b ☐ essere davvero unico, senza paragoni con altri

2 Fare il grande passo
   a ☐ essere amante dei viaggi
   b ☐ fare un cambiamento molto importante

3 Anticipare i tempi
   a ☐ capire, molto tempo prima, i futuri cambiamenti sociali
   b ☐ non arrivare mai in ritardo

4 In giro ci sono...
   a ☐ qui intorno ci sono...
   b ☐ molto lontano da qui ci sono...

5 Completa le frasi con l'aggettivo giusto tra quelli nel riquadro.

> clamoroso • fortunatissima • imitatissimo • inconcepibile •
> inconfondibile • indimenticabili • scintillanti • strappalacrime

1 In tv la Carrà indossava spesso abiti _____,
luminosi e brillanti di paillettes.
2 Il caschetto della Carrà era _____ e tante donne
si tagliavano i capelli così.
3 Le sue canzoni hanno avuto un successo _____.
4 Lo stile della Carrà era _____ e unico, solo suo.
5 Divorziare, a quei tempi, era _____, neanche
pensabile, scandaloso!
6 A quei tempi c'erano film _____, eccessivamente
commoventi e patetici!
7 "Rumore" è stata una canzone _____, con un
successo enorme.
8 I duetti con Mina sono _____, li ricorderemo
sempre.

Grammatica

6 **Le consecutive. Completa le seguenti frasi consecutive nel modo opportuno. Con i verbi, attenzione alla differenza tra "tanto che" e "tanto da".**

1 La Carrà era _____ timida _____, quando riceveva un premio, smetteva quasi di parlare.

2 Era bravissima, _____ _____ essere la "regina della televisione italiana".

3 A lei non interessava essere sempre in tv, _____ _____ dosare bene la sua presenza sul piccolo schermo.

4 L'esibizione con l'attore Alberto Sordi ha un successo enorme, _____ _____ il "Tuca Tuca" diventa un fenomeno popolare che ballano anche i bambini.

5 La trasmissione "Pronto, Raffaella?" ha un successo _____ clamoroso _____ Raffa vince un premio televisivo europeo.

6 La trasmissione "Carramba! Che sorpresa!" ha un successo _____ grande _____ il titolo è diventato un modo di dire.

7 **Passato prossimo e imperfetto? Completa il testo con il passato prossimo o l'imperfetto dei verbi tra parentesi.**

Raffaella Carrà (*essere*) _____ un'artista di grande talento e (*lavorare*) _____ tra cinema, tv, musica e teatro. (*Essere*) _____ anche un'artista amata da tutti e un esempio di libertà e intelligenza artistica. Raffaella Carrà (*essere*) _____ la "Raffa nazionale" e la (*chiamare*, *loro*) _____ anche "la signora del no", perché se una cosa non le (*piacere*) _____, non la (*fare*) _____. Nel 2019, per esempio, le avevano proposto tre programmi, ma lei li (*rifiutare*) _____ tutti, perché nessuno le (*piacere*) _____. Un'artista più unica che rara, a cui non (*interessare*) _____ essere sempre in tv e (*dosare*) _____ molto bene la sua presenza nelle trasmissioni. Sempre nel 2019, alla fine, (*accettare*) _____ di condurre "A raccontare comincia tu" perché questa trasmissione le (*permettere*) _____ di avere quello che a lei (*piacere*) _____ di più: il contatto umano.

Massimo Bottura

▶ 9 Massimo Bottura è uno dei migliori chef al mondo e il suo
ristorante, l'Osteria Francescana a Modena, è stato nominato
due volte, nel 2016 e nel 2018, Miglior Ristorante del Mondo.

Il suo successo è il risultato di tanto lavoro, studio,
tenacia★ e un po' di follia. Bottura ha rivoluzionato la cucina
italiana (senza però mancarle di rispetto) applicando una
filosofia che lui chiama "tradizione in evoluzione". Il suo
sogno era modernizzare la cucina tradizionale italiana e
sicuramente lo ha realizzato.

Infanzia e tortellini

"Nel mio sangue scorre aceto balsamico e i miei muscoli sono
di parmigiano!", dice Massimo Bottura per descrivere il forte legame
che ha con la tradizione della sua terra. Nella sua cucina, infatti, usa
quasi sempre prodotti tipici modenesi, ma uno degli "ingredienti"
principali dei suoi piatti è la memoria: prende il ricordo dei sapori
di una volta e lo modernizza, trasformandolo in un piatto divino★.
Il suo amore per la cucina è nato quando era
bambino, nella cucina dove nonne e zie cucinavano
senza sosta★. Da bambino, infatti, era molto vivace
e faceva arrabbiare spesso i fratelli: così si
nascondeva sotto il tavolo della cucina, dove
la nonna impastava★ e lo difendeva dai fratelli con
il matterello★ con cui stendeva la sfoglia★ per fare
la pasta fresca. Da sotto il tavolo, Massimo osservava
la nonna stendere la sfoglia e, ogni tanto, rubava
un tortellino: ancora oggi dice che tra i suoi piatti
preferiti ci sono i tortellini… ma crudi.

tenacia grande forza di
volontà
divino (qui)
straordinariamente buono
senza sosta continuamente,
senza fermarsi
impastava mescolava farina,
acqua e uova per fare la pasta
matterello attrezzo cilindrico
per stendere e rendere sottile
un impasto
sfoglia sottile disco di pasta
con cui si fanno tortellini,
tagliatelle…

Modena

È una città dell'Emilia-Romagna famosa per la sua cucina, la sua arte
e le sue automobili.
Prodotti tipici di questa città, infatti, sono l'aceto balsamico*,
il parmigiano reggiano, il lambrusco*, il prosciutto di Modena e i tortellini.
Ha capolavori come il duomo, la Torre Ghirlandina e Piazza Grande,
Patrimonio Mondiale dell'Umanità dall'UNESCO dal 1997. Ed è la città del
mitico Enzo Ferrari e delle sue automobili rosse, ma anche delle Maserati.

aceto balsamico un tipo particolare
di aceto, dal gusto straordinario
lambrusco un vino rosso frizzante

L'inizio incerto di una grande carriera

Massimo Bottura ha sempre avuto una grande passione per la cucina
e così, pur non avendo nessuna esperienza, nel 1986 lascia l'università
e compra un ristorante vicino Modena, "Il Campazzo". Racconta che
i primi mesi sono stati difficili, perché non era preparato per gestire
un locale* e per lo stress era dimagrito tantissimo. Ma un giorno,
un "angelo" bussa alla sua porta: è Lidia Cristoni, una "rezdora"
(in dialetto emiliano, indica la donna che gestisce la propria casa con
bravura, esperienza e autorità) che abitava davanti al Campazzo. Lidia
aveva una grandissima esperienza in cucina ma, a causa di un problema
alla vista, non poteva più lavorare. I due decidono di aiutarsi a vicenda:
lui le offre la possibilità di tornare a lavorare e lei gli insegna le ricette
tradizionali, a gestire un locale e, soprattutto, a fare la pasta fresca*.
Grazie all'aiuto di Lidia, "Il Campazzo" comincia ad avere successo

tanto che, dopo due anni, Massimo
decide di cambiare aria* e va a New
York, dove incontrerà una donna che
gli cambierà la vita, avvicinandolo
anche al mondo dell'arte: Lara Gilmore,
sua moglie.

locale (qui) ristorante
pasta fresca la pasta che fai e mangi subito, senza conservarla o seccarla
cambiare aria (modo di dire) trasferirsi

Amore e cucina

Lara, americana, preparava i cappuccini
nel ristorante dove Massimo lavorava. I due
si innamorano ma Massimo deve tornare a Modena
perché "Il Campazzo" ha bisogno di lui. Qui, dopo
qualche tempo, si fa raggiungere da Lara, che vola
in Italia ma, dopo una sola settimana dal suo arrivo,
Massimo riceve un'offerta di lavoro che non può rifiutare:
Alain Ducasse, famosissimo chef, gli chiede di andare
a lavorare con lui a Montecarlo. A questo punto Massimo
vende "Il Campazzo" e parte per Montecarlo, mentre Lara
torna a New York. Dopo qualche mese, però, Massimo
si rende conto* di aver fatto un errore: lascia il lavoro con
Ducasse e vola a New York da Lara e i due iniziano
a costruire la loro vita insieme.

Lara Gilmore.

Tornano a Modena e, cercando un ristorante, ne trovano
uno piccolo in centro, l'Osteria Francescana, che comprano
vendendo tutto quello che hanno.

Osteria Francescana e anni difficili

Il 19 Marzo 1995 è il giorno dell'apertura dell'Osteria
Francescana e l'inizio di una rivoluzione. Già nei primi tempi
Massimo nota che i clienti mangiano i suoi tortellini in brodo
in modo automatico, distratto. Allora decide di servire
qualcosa di molto provocatorio* per attirare l'attenzione
sul cibo nel piatto. Nasce così uno dei suoi piatti più iconici
"Tortellini che camminano sul brodo*": sei tortellini in fila
su una striscia di gelatina di brodo. Questo piatto visionario
scatena la rabbia dei modenesi,
che lo vedono come un affronto*
alla tradizione e un critico gastronomico
ne scrive una recensione pessima.

si rende conto capisce
provocatorio (qui) del tutto nuovo e insolito
brodo alimento liquido fatto con carne e/o
verdure cotte in molta acqua
affronto offesa gravissima

83

Massimo, però, non si arrende e reagisce con un'altra provocazione: "La parte croccante* della lasagna". In pratica è una lasagna senza pasta e senza sugo, in cui c'è quasi solo la parte croccante, appunto, cioè la crosticina* un po' bruciata che per molti è la parte più buona. La situazione peggiora e anche il Gambero Rosso, importantissima rivista gastronomica, scrive una recensione pessima.
A questo punto Massimo, che ha sempre il ristorante vuoto, decide di chiudere.

croccante non morbida, un po' dura
crosticina (qui) parte esterna della lasagna

"Se smettessi di sognare, smetterei anche di cucinare"
(Massimo Bottura)

"La cucina è artigianato. Un grande cuoco è un artiere, cioè un artigiano ossessionato dalla qualità"
(Massimo Bottura)

La svolta

Lara, però, lo convince a non farlo, sicura che anche il mondo si accorgerà presto della bellezza delle creazioni di suo marito. La svolta avviene in una notte di giugno del 2001, quando Enzo Vizzari, uno dei critici gastronomici più importanti d'Italia, a causa del traffico in autostrada è costretto a fermarsi a Modena e va a cena all'Osteria Francescana. Dopo aver assaggiato i primi piatti, pensa che lo chef sia eccezionale, così scrive una recensione dal titolo "La tagliatella postmoderna", in cui loda la cucina di Bottura e si dichiara dispiaciuto di non averla conosciuta prima. Dopo questa recensione i critici di tutto il mondo cominciano ad interessarsi a questo chef visionario e iniziano a "piovere" riconoscimenti. Nel 2002 arriva la prima Stella Michelin, seguita da altre due nel 2006 e nel 2012.

12 tavoli in un paesaggio di arte

L'Osteria Francescana ha
solo 12 tavoli, circondati
da grandi opere dell'arte
moderna, da quelle di
Maurizio Cattelan a quelle
di Damien Hirst o Duane
Hanson. La cucina qui non è
una semplice lista di ingredienti
o la dimostrazione di grandi
abilità tecniche, ma il raccontare il
paesaggio italiano e una grande, straordinaria passione.
È soprattutto emozione e incontro di culture.
E "il tavolo è dove il viaggio comincia".

Grandi chef per i bisognosi

Raggiunto il successo, Massimo Bottura ha impegnato la sua
creatività anche nel settore della solidarietà. Nel 2015, durante
l'Expo di Milano sul cibo, in collaborazione con la Caritas
Ambrosiana, ha realizzato il Refettorio Ambrosiano, una mensa
per i bisognosi dove, per sei mesi, i migliori chef del mondo hanno
preparato pasti con le eccedenze* alimentari raccolte ogni giorno
all'Expo. Esperienza che Bottura ripeterà l'anno successivo
a Rio de Janeiro in occasione dei Mondiali di calcio del Brasile.
Da queste esperienze nascerà la fondazione "Onlus Food for Soul",
che realizza in tutto il mondo refettori belli e funzionali, dove
i senzatetto trovano accoglienza e dell'ottimo cibo, pensato
per loro da grandi chef, creato riducendo al minimo gli sprechi*.

eccedenze quantità in più, in eccesso
sprechi (qui) sprecare il cibo, cioè buttarlo via anche se è ancora buono

Comprensione

1 **Correggi gli errori nelle seguenti frasi.**

1 Massimo Bottura è stato nominato due volte, nel 2015 e nel 2019, Miglior Chef al mondo.

....

2 Uno degli "ingredienti" principali nei suoi piatti è l'allegria.

....

3 Massimo dice che i suoi capelli sono di parmigiano e le sue braccia di aceto balsamico.

....

4 La sua passione per la cucina nasce quando era adolescente e vedeva la mamma cucinare.

....

5 Il piatto preferito di Massimo sono i tortellini in brodo.

....

6 Il suo primo ristorante è stato "La rezdora".

....

2 **Abbina le frasi in modo corretto e ricostruisci la storia di Bottura.**

1 ☐ La parola "rezdora"
2 ☐ Massimo Bottura lascia l'università
3 ☐ Lidia Cristoni
4 ☐ Quando il Campazzo ha successo
5 ☐ Quando Lara arriva per la prima volta in Italia
6 ☐ Massimo vende
7 ☐ Massimo lascia il lavoro con Ducasse
8 ☐ Massimo e Lara
9 ☐ Il critico Vizzari capita per caso all'Osteria Francescana
10 ☐ L'arte

a gli insegna a fare la pasta fresca.
b influenza le ricette di Massimo.
c "Il Campazzo" e va a lavorare a Montecarlo.

d e vola a New York da Lara.

e tornano a Modena e comprano l'Osteria Francescana.

f dopo una sola settimana Massimo ha un'incredibile offerta di lavoro.

g per comprare il ristorante Campazzo.

h Massimo si trasferisce a New York.

i e scopre questo chef straordinario e modernissimo.

l indica una donna che sa gestire bene la propria casa.

3 **Completa le frasi nel modo che ritieni più adatto.**

1 Il piatto "Tortellini che camminano sul brodo" ....
....

2 I Modenesi ....
....

3 "La parte croccante della lasagna" ....
....

4 Dopo l'articolo sull'Espresso ....
....

5 Durante l'Expo di Milano ....
....

6 Food for Soul è ....
....

Grammatica

4 **Leggi le frasi e sottolinea il verbo nella forma corretta.**

1 Massimo Bottura sognava di **modernizzare / modernizzando** la cucina italiana.

2 Massimo interpreta in chiave moderna i sapori di una volta **trasformarli / trasformandoli** in piatti divini.

3 Nel 1986 Bottura compra il Campazzo, pur non **avere / avendo** nessuna esperienza in cucina.

4 All'Osteria Francescana Massimo comincia a **creando / creare** un nuovo tipo di cucina e Lara lo aiuta, **introdurlo / introducendolo** al mondo dell'arte.

5 Massimo nota che i clienti mangiano i tortellini senza **dare / dando** importanza al piatto.

→

6 Secondo i modenesi Bottura stava **offendere / offendendo** le ricette tradizionali.

7 Massimo Bottura ha avuto il coraggio di **rischiare / rischiando**.

8 Massimo ripete l'esperienza del Refettorio Ambrosiano **aprire / aprendo** un refettorio a Rio de Janeiro durante i Mondiali di calcio.

9 I refettori che Food for Soul realizza in tutto il mondo sono luoghi dove i senzatetto possono **trovare / trovando** accoglienza e buon cibo, **ridurre / riducendo** gli sprechi.

5 **Completa le frasi con la corretta locuzione di tempo nel riquadro.**

> a questo punto • dopo qualche tempo • nei primi tempi
> • quasi sempre • senza sosta • un giorno

1 A casa di Bottura nonne e zie cucinavano _____.

2 Massimo deve tornare a Modena perché "Il Campazzo" ha bisogno di lui e _____ Lara lo raggiunge.

3 Già _____ dell'Osteria Francescana Massimo nota che i clienti mangiano i suoi tortellini in brodo in modo automatico, distratto.

4 "Il Campazzo" va male e Bottura è molto stressato, ma _____ un "angelo" bussa alla sua porta: è Lidia Cristoni.

5 L'Osteria Francescana riceve un'altra pessima recensione e _____ Massimo, che ha sempre il ristorante vuoto, decide di chiudere.

6 Nella sua cucina Bottura usa _____ prodotti tipici modenesi.

Lessico

6 Inserisci le parole relative alla cucina nelle frasi. Attenzione! Ci sono 3 parole in più!

brodo • crosticina • ingredienti • lambrusco • lasagna • matterello • pasta • piatto • prosciutto • refettorio • ristorante • sfoglia • tortellino

1 Il _____ è un prodotto tradizionale di Modena.

2 La nonna di Bottura stendeva la sfoglia con il matterello per fare la _____.

3 La parte più buona delle lasagne è proprio la _____.

4 Il _____ è un vino rosso dell'Emilia-Romagna.

5 Uno degli _____ delle ricette di Bottura è la memoria.

6 Ogni tanto Bottura rubava un _____ alla nonna e lo mangiava crudo.

7 Il piatto "La parte croccante della _____" è stata la seconda provocazione di Bottura.

8 Il _____ è un cilindro di legno che serve per tirare la sfoglia.

9 La _____ è un disco di pasta molto sottile con cui si fanno tagliatelle e altri tipi di pasta.

10 Il _____ è un alimento liquido, che si ottiene facendo bollire lentamente carni o verdure in molta acqua.

Scriviamo

7 **A coppie. Scrivete la pubblicità del vostro ristorante. Elencate:**

☐ il nome del ristorante
☐ il tipo di cucina (tradizionale, moderna, etnica, sperimentale...)
☐ alcuni piatti
☐ lo slogan del ristorante

Sophia Loren

Un'attrice da record

▶ 10 È un'attrice italiana famosa in tutto il mondo per la sua bellezza e la sua bravura, tanto da essere chiamata "la divina Sophia". È stata la seconda italiana a vincere il Premio Oscar come miglior attrice nel 1962 con il film "La ciociara" di Vittorio De Sica. La prima era stata Anna Magnani nel 1956 con "La rosa tatuata". Nella sua straordinaria carriera ha vinto tutti i premi più prestigiosi, dal David di Donatello, al Nastro d'Argento, al Leone d'Oro in Italia, dai Golden Globe al César all'estero. Non c'è Festival che non abbia vinto. Nel 1991 le hanno dato l'Oscar alla carriera.

"Ogni donna può figurare al meglio se sta bene dentro la propria pelle. Non c'entrano i vestiti e il trucco, ma come si brilla"
(Sophia Loren)

Tra bombe e fame

Il vero nome di Sophia Loren è Sofia Costanza Brigida Villani Scicolone e nasce a Roma nel 1934. I suoi genitori, Romilda Scicolone insegnante di pianoforte e Riccardo Villani, imprenditore*, non erano sposati e Riccardo, pur riconoscendo* legalmente Sofia come figlia, rifiuta di sposare Romilda, che presto abbandona, rifiutandosi anche di riconoscere l'altra bambina che era nata nel frattempo, Maria. Romilda, con due figlie e senza sostegno* economico, torna dai suoi genitori a Pozzuoli, vicino Napoli. Nel 1939 scoppia

imprenditore uomo d'affari con un'azienda
riconoscendo (qui) dicendo di fronte alla legge, in modo legale
sostegno aiuto

la Seconda Guerra Mondiale e, durante un attacco aereo,
la scheggia* di una bomba ferisce la piccola Sofia. La famiglia
si trasferisce a Napoli per stare più al sicuro rispetto al porto
di Pozzuoli spesso bombardato. La guerra è comunque
un periodo durissimo, il cibo è poco e Sofia è così magra che
tutti la chiamano "Stuzzicadenti". Napoli resterà sempre
nel cuore dell'attrice tanto che,
in molti suoi film,
interpreterà personaggi
napoletani recitando
nel dialetto della città.

"Non ho mai cercato di rimuovere i miei ricordi, neppure quelli più tristi. Ogni evento che hai vissuto ti aiuta ad essere la persona che sei oggi"
(Sophia Loren)

I primi passi nel cinema

Romilda Scicolone aveva sempre sognato di fare l'attrice:
bellissima, l'avevano scelta come sosia di Greta Garbo,
ma i suoi genitori le avevano vietato questa carriera. Romilda
decide che per sua figlia Sofia sarà diverso e, a 15 anni,
la iscrive al concorso di Miss Italia, dove la bellissima giovane
vince il premio di Miss Eleganza, titolo creato apposta* per
lei. È il 1950 e, in quell'occasione, Sophia incontra la persona
più importante della sua vita, il produttore cinematografico
Carlo Ponti che diventerà suo marito qualche anno dopo.
Romilda torna a Roma con la figlia e cerca di farla entrare
nel mondo del cinema, ma non è una cosa facile. Le cose
cominciano a migliorare nel 1951 quando Carlo Ponti offre
a Sophia il primo contratto, per una piccola parte* in un film.

scheggia un pezzo tagliente di qualcosa
apposta appositamente, proprio per
parte (qui) ruolo in un film

Un viso "strano"

Miss Italia è un prestigioso concorso di bellezza, nato nel 1946. Racconta Sophia: "Il titolo di Miss Eleganza, inventato per me, non lo meritavo: non avevo nemmeno un vestitino da mettermi! Io e mia madre eravamo povere e io ero molto timida. Camminavo tenendo il braccio di mia madre e lei mi diceva 'Vai avanti, fatti vedere!'. Lì ho capito che dovevo fare qualcosa per lei e per non tornare a casa a mani vuote*". Sophia, però, non vince il concorso perché ha una bocca "troppo grande" e un naso "troppo lungo" per la moda del tempo. Anche a Hollywood non l'accetteranno subito per quel viso particolare e anche perché "è troppo alta". Sophia, infatti, è alta 1 metro e 74 e potrebbe mettere in imbarazzo molti attori maschi. A Hollywood le chiedono di operarsi al naso, ma Sophia rifiuta con decisione: lei è così e va bene così.

Una scena di "L'oro di Napoli".

L'anno d'oro

Il mondo del cinema non è un mondo facile. Dice Sophia: "Fare l'attrice è come andare in guerra. Bisogna avere determinazione* ed evitare tanti pericoli". Ma la determinazione non manca a questa giovane attrice, che, per essere più internazionale, cambia il suo nome in Sophia Loren. Sophia non ha mai studiato recitazione ma ha un talento naturale e piano piano si fa notare. Il 1954 è il suo anno d'oro: ottiene il primo ruolo importante nel film "Due notti con Cleopatra" con il grande Alberto Sordi e anche quello di una vivacissima pizzaiola nel film "L'oro di Napoli" di Vittorio De Sica, il film che lancia* definitivamente la sua carriera. Sempre nel 1954 recita per la prima volta con quello che diventerà l'amico e il collega di una vita, Marcello Mastroianni, nel film "Peccato che sia una canaglia*".

a mani vuote senza ottenere niente
determinazione grande e ferma volontà
lancia (qui) fa diventare finalmente importante
canaglia persona non onesta

93

Un trio da leggenda

Sophia Loren, Marcello Mastroianni (1924-1996) e Vittorio
De Sica (1901-1974): tre grandissimi amici che hanno fatto
la storia del cinema italiano. Con la regia di De Sica, Sophia
e Marcello hanno recitato insieme in capolavori come
"Ieri, oggi, domani" (1963), "Matrimonio all'italiana" (1964),
e "I girasoli" (1970). Sophia aveva già vinto un Oscar
nel 1962 con "La ciociara", sempre di De Sica. In tutto,
la coppia Loren-Mastroianni ha recitato insieme in 14 film.
"Marcello è stato il più insostituibile e meraviglioso amico
della mia vita", ha detto Sophia.

Una scena di "Matrimonio all'italiana".

Italiani a Hollywood

Poco tempo e Hollywood la chiama. Nel 1955 la rivista Life
le dedica una copertina, Sophia firma un contratto con
la Paramount e comincia a girare un film dopo l'altro, con star
come Cary Grant, John Wayne e Frank Sinatra. Ma è con
"La ciociara" di Vittorio De Sica che Sophia vince l'Oscar
nel 1962 come miglior attrice protagonista. L'anno dopo il film
"Ieri, oggi, domani" vince il titolo di Miglior film straniero e,
l'anno successivo, Sophia riceve la seconda candidatura* per
la sua interpretazione in "Matrimonio all'italiana", in cui lavora
di nuovo con Mastroianni e De Sica.

"La ciociara"

È un film drammatico tratto dal romanzo omonimo di Alberto Moravia,
un romanzo-denuncia sulle inaudite* violenze che molti civili hanno
subito da parte dei soldati Alleati. È la storia di Cesira e Rosetta, madre
e figlia, travolte dagli orrori dalla Seconda guerra mondiale. Le due donne
scappano da Roma per rifugiarsi nel piccolo paese di Cesira, ma nel loro
viaggio incontrano violenze inaudite, dolore e amori perduti, eventi che
le segnano* per sempre, ma che sanno superare con la loro forza
di donne e la loro voglia di vivere.

candidatura quando sei in lista per
un premio
inaudite impensabili e terribili
le segnano le feriscono nell'anima

94

Il premio più grande: la famiglia

A poco più di 15 anni Sophia incontra Carlo Ponti,
il produttore che la lancerà nel mondo del cinema e che
diventerà suo marito. Un amore difficilissimo, perché Carlo
ha 22 anni più di Sophia ed è già sposato. Carlo va in Messico
a divorziare e sposa Sophia, ma il loro matrimonio non
è valido in Italia. Si sposeranno di nuovo, legalmente,
nel 1966. Finalmente si realizza il sogno di Sophia, quello
di diventare madre: nel 1968 nasce Carlo Junior, oggi
direttore d'orchestra e nel 1973 nasce Edoardo, oggi regista
e sceneggiatore. E il marito? Sophia risponde così:
"Se scriverò un libro su mio marito, il titolo sarà questo:
L'uomo ideale. Questo esprime tutto.
Era un uomo eccezionale,
buon padre, un compagno di
vita unico, solidale★".

> "C'è una fonte della giovinezza:
> è nella tua mente, nei tuoi talenti,
> nella creatività che porti nella vita"
> (Sophia Loren)

Una carriera interminabile*

Dopo la nascita dei figli Sophia, che vuole stare con loro, decide
di lavorare meno e negli anni '80 di dedicarsi alla tv, che ha ritmi più
tranquilli e regolari del cinema. Nel 1994 recita per l'ultima volta con
Marcello Mastroianni nel film "Prêt-à-Porter" e nel 2002 recita nel suo
100° film, "Cuori estranei" il primo diretto dal figlio Edoardo.
A 86 anni recita in "La vita davanti a sé" dove interpreta una
sopravvissuta all'Olocausto che deve prendersi cura di Momò,
un ragazzino senegalese orfano. Una storia potente tra due persone
molto diverse tra loro, che parla di tolleranza, perdono e del potere
straordinario dell'amore.

solidale che è d'accordo con noi e ci aiuta sempre
interminabile che non finisce mai

Comprensione

1 **Scegli la risposta corretta.**

1 Il soprannome di Sofia da piccola era
  a ☐ Stuzzicadenti
  b ☐ La ciociara
  c ☐ La divina Sophia

2 Suo marito Carlo Ponti era:
  a ☐ attore
  b ☐ regista
  c ☐ produttore

3 Sophia lavora per tutta la vita con:
  a ☐ Cary Grant
  b ☐ Alberto Sordi
  c ☐ Marcello Mastroianni

4 Il film con cui la sua carriera fa un salto in avanti è:
  a ☐ L'oro di Napoli
  b ☐ La ciociara
  c ☐ Peccato che sia una canaglia

5 Sophia vince l'Oscar come miglior attrice nel:
  a ☐ 1991
  b ☐ 1955
  c ☐ 1962

6 Vince l'Oscar per il film:
  a ☐ I girasoli
  b ☐ La ciociara
  c ☐ Ieri, oggi, domani

7 "La ciociara" racconta:
  a ☐ una storia di guerra
  b ☐ una storia d'amore
  c ☐ una storia napoletana

2 **Metti in ordine cronologico i fatti della vita di Sophia Loren. Il primo è dato.**

☐ Riceve l'Oscar alla Carriera.
☐ Vince il titolo di Miss Eleganza.
[7] Si trasferisce a Napoli.
☐ Recita nel film "La vita davanti a sé".
☐ Fa il primo film con il figlio Edoardo.
☐ Diventa mamma.
☐ Sposa ufficialmente Carlo Ponti.
☐ Recita per la prima volta con Mastroianni.
☐ Diventa famosa a Hollywood.
☐ Vince l'Oscar per "La ciociara".
☐ Lavora in televisione.
☐ Firma il suo primo contratto.

3a **Abbina ogni parola relativa al cinema al suo significato.**

1 ☐ candidatura   **7** ☐ protagonista
2 ☐ capolavoro   **8** ☐ recitare
3 ☐ carriera   **9** ☐ regista
4 ☐ interpretare   **10** ☐ ruolo
5 ☐ personaggio   **11** ☐ sceneggiatore
6 ☐ produttore   **12** ☐ parte

a il personaggio più importante di un film
b persona che dirige un film e dice agli attori cosa fare
c recitare la parte di un personaggio in un film
d film bellissimo, magistrale, straordinario
e persona che paga i costi della lavorazione di un film
f essere tra chi potrebbe ricevere un premio
g personaggio che un attore recita in un film
h persona inventata che fa parte della storia di un film
i la via scelta, con successo, per il proprio lavoro
l quando un attore finge di essere un'altra persona
m sinonimo di "ruolo"
n persona che scrive la storia di un film

3b Ora usa le parole dell'esercizio 3a per scrivere un breve testo su Sophia Loren.

4 Una delle tre storie raccontante nel film "Ieri, Oggi, Domani" è la storia dell'incontro tra Anna (Sophia Loren), sposata a un ricchissimo industriale, e Renzo (Marcello Mastroianni), un uomo colto ma povero. I due fanno un giro in auto per Milano sulla Rolls-Royce di Anna. Completa il dialogo con le parole nel riquadro.

> buttarli • diverso • faccia • ferramenta
> • gioielli • guadagno • penso

Anna: Porti sempre il discorso sui soldi, me li butti in _____ come se fosse colpa mia!
Renzo: Anna, sai quanto _____ io al mese?
Anna: Non lo voglio sapere! Tu mi piaci perché sei _____, non come questi automi che ho in giro, tutto il giorno a testa bassa a guadagnare soldi! Tu scrivi, sei intelligente! Io non _____ mai ai soldi, te lo giuro!
Renzo: Perché li hai.
Anna: E che devo fare, _____ dalla finestra?
Renzo: Ma sì, butta tutto dalla finestra: soldi, automobili, _____!
Anna: Questi gioielli li ho presi dal _____, se lo vuoi sapere.

Renzo (parlando della Rolls-Royce)**:** E anche questa l'hai presa dal ferramenta?

Anna: Dentro di me c'è solo vuoto, un grandissimo vuoto…

Renzo: Ti porto sul Po*.

Anna: Oh, sì! È bello? Cosa c'è?

Renzo: Le zanzare. Quelle almeno non le ha fatte tuo marito.

Ridotto e adattato

Parliamo

5 **A coppie. Avete mai visto film italiani? Quali? Vi sono piaciuti? Che storie raccontavano? Parlatene insieme e poi confrontatevi con la classe.**

Scriviamo

6a **A coppie. Inventate un ruolo per Sophia Loren. È un ruolo drammatico, comico, poetico, romantico? Descrivete brevemente il personaggio che avete scelto per l'attrice e poi confrontatevi con la classe.**

6b **Ora provate a scrivere qualche frase del copione di questo vostro personaggio.**

Renzo Piano

> "Ascoltare Piano è affascinante.
> Le sue idee sono chiare e luminose, senza un pizzico di pretese,
> e funzionali come i disegni dei suoi edifici,
> aperti sul paesaggio circostante e avidi di luce naturale"
>
> (M. Vargas Llosa)

La stella dell'architettura

▶ 11 Renzo Piano nasce a Genova, in Liguria, nel 1937. Suo padre è un costruttore* e questo gli permette di praticare la professione di architetto subito dopo la Laurea in Architettura nel 1964. Ma Renzo non si accontenta* di costruire palazzi nella sua città e va a studiare negli Stati Uniti e a Londra. Qui incontra Richard Rogers, un giovane architetto inglese con cui inizia una collaborazione che lo porterà al successo internazionale. Nel 1971, infatti, i due vincono il concorso internazionale per la realizzazione del Centro Pompidou a Parigi. Una sorpresa incredibile che, tra i 681 progetti presentati, vincano due ragazzi così giovani! Ma grazie a loro il Centro Pompidou diventa uno dei simboli dell'architettura del XX secolo, perché non è solo un museo ma una vera "officina* d'arte".

costruttore chi costruisce case e palazzi
non si accontenta di non si limita a
officina laboratorio, un luogo in cui si crea qualcosa

Il metodo e la filosofia

Nel 1981 Renzo fonda a Genova e a Parigi il "Renzo Piano Building Workshop" (RPBW), uno studio di progettazione che si caratterizza per il metodo di lavoro collettivo★, dove tanti architetti lavorano insieme ad un unico progetto. Piano, infatti, sostiene che per fare un buon lavoro sia necessario lavorare in squadre, dove nessuno prevalga★ sull'altro in alcun modo: se qualcuno ha una buona idea, questa diventa l'idea di tutti. "Le persone" e "lo stare insieme" sono concetti fondamentali in ogni progetto del RPBW che, ogni volta, crea anche luoghi pubblici che tutti possano usare, perché un edificio di successo è quello che migliora la vita quotidiana delle persone che ci vivono. Non solo: è quello dove la gente possa stare insieme, dove "si celebra l'arte della convivenza★", come dice Renzo Piano. E questo vale anche per i musei, che ama profondamente perché proteggono l'arte. Li definisce "fabbriche di curiosità" che permettono a chiunque di venire in contatto con la bellezza e con la conoscenza.

I suoi edifici

Renzo Piano ama lavorare per edifici utili alla collettività, per cui ha creato musei, biblioteche, centri culturali, università e anche ospedali.
Tra le sue opere più note:

* Museo delle Scienze di Trento
* Kanak Cultural Centre in Nuova Caledonia
* Nuovo Museo dell'Accademy Awards a Los Angeles
* Centro Civico e Culturale di Arte contemporanea a Mosca
* Acquario di Genova
* Ristrutturazione del Porto Antico di Genova

L'Acquario di Genova

collettivo in gruppo
prevalga cerchi di essere superiore agli altri
convivenza (qui) vivere insieme in armonia

Tanta, tanta musica

Renzo Piano ama la musica e da ragazzo suona la tromba, ma suona così male che è costretto* a smettere. Così trasferisce la sua passione per la musica nella costruzione di sale da concerti e teatri. In Italia dà vita a importanti luoghi per la musica, come l'Auditorium Niccolò Paganini a Parma, grande esempio di architettura "di recupero*": il teatro, infatti, è stato costruito recuperando la struttura di una fabbrica di zucchero abbandonata.

Ma il progetto più importante rimane l'Auditorium Parco della Musica di Roma, che non è un semplice auditorium, ma una "città della musica", perché ha tre sale da concerto, un anfiteatro all'aperto, una piazza, negozi e ristoranti. La sala principale è la Sala Santa Cecilia, una delle sale da concerto più grandi d'Europa, pensata per la musica sinfonica per grande orchestra.

Durante i lavori sono stati trovati i resti di un'antica villa romana, che Renzo Piano ha poi perfettamente inserito nel progetto.

è costretto a deve necessariamente
di recupero (qui) che trasforma edifici abbandonati
elaborato pensato a lungo
rende fa diventare

La bellezza

"La bellezza cambia il mondo e lo cambia una persona alla volta"
(Renzo Piano)

Renzo Piano ha elaborato* un pensiero personale di bellezza: è un'idea profonda, valida sia per quello che è visibile, sia per quello che è invisibile, perché "bello" per Piano significa anche "buono". È, insomma, una bellezza che può trasformare ognuno in una persona migliore e che, quindi, lentamente, può cambiare il mondo. Ed è per questo che Renzo Piano ama costruire luoghi per la gente, perché crea luoghi per questo tipo di bellezza e rende* le città luoghi migliori in cui vivere.

Verso il futuro con i giovani

Nel 2013 Renzo Piano ottiene la carica di Senatore a vita e decide di mettere a disposizione di tutti la propria esperienza. Per questo trasforma il suo ufficio in Senato in uno studio di architettura, con il nome di G124, dal numero che è sulla porta della stanza. Piano lo definisce "una bottega⋆ in Senato", in omaggio ai grandi artigiani del passato. In questo studio lavorano giovani architetti, che sotto la sua guida, fanno piccoli miracoli, lavorando a progetti nelle periferie delle città e in luoghi dimenticati. Sono progetti piccoli, ma fondamentali, che Piano chiama "di rammendo" perché servono a ricucire, riempire, i "buchi" in quegli spazi abbandonati, dove i servizi per le persone non ci sono o non funzionano. Sono, anche questi, progetti per le persone. Piano dice: "Amo lavorare con i giovani, sono una ventata di aria fresca⋆, perché cercano il futuro, che è l'unico posto dove possiamo andare". Un futuro fatto di bellezza, solidarietà, collaborazione e aiuto reciproco.

Tutti a scuola

Un progetto molto caro a Piano, e realizzato da G124, è la scuola di Sora, una piccola città del Lazio che è una delle zone più sismiche⋆ d'Italia. La scuola di Renzo Piano è un esempio di riqualificazione⋆ di un edificio abbandonato. La nuova scuola, in legno per essere antisismica⋆, ha tre livelli: il piano terra è per le attività collettive, il primo piano ha le aule e i laboratori e, sopra, c'è un luogo di osservazione sulla città, ideato per le esperienze sensoriali.

bottega piccolo negozio dove si costruiscono e si vendono oggetti
ventata di aria fresca (modo di dire) qualcosa di nuovo e gioioso
zone sismiche luoghi dove ci sono molti terremoti
riqualificazione trasformazione per far tornare qualcosa nuovo e funzionante
antisismica che resiste ai terremoti, non crolla

M.A.M.A

La sigla significa Modulo per l'Affettività e la Maternità: un progetto realizzato all'interno del carcere* femminile di Rebibbia a Roma. Gli architetti di G124, insieme ai detenuti, hanno realizzato un modulo in legno dove le mamme che sono in carcere possono incontrare i loro bambini, in un ambiente diverso da quello della prigione.

Per gli altri

Renzo Piano non solo svolge il suo lavoro per G124 gratuitamente, ma devolve anche il suo stipendio di senatore a vita allo studio.

Il ponte Morandi

Il 14 agosto 2018 a Genova crolla il ponte Morandi che attraversa la città e, in questa tragedia, muoiono 43 persone. La città è tagliata in due e la rabbia e il dolore per quelle morti sono enormi. Renzo Piano si offre subito, volontariamente, per progettare un altro ponte e il 3 agosto 2020 c'è l'inaugurazione del ponte nuovo,

Inaugurazione del Ponte Morandi

il Genova Sangiorgio, frutto* di uno straordinario lavoro di gruppo. Queste le parole di Renzo Piano: "È stato il più bel cantiere che ho avuto in vita mia. È stato straordinario. Siamo sospesi tra il cordoglio* della tragedia e l'orgoglio di aver costruito il ponte. Non credo che si debba parlare di miracolo: semplicemente è stato che il Paese ha mostrato una parte buona. Costruire un ponte è un gesto di pace e io auguro a questo ponte di essere amato, non è facile essere erede di una tragedia. E credo che sarà amato, perché è semplice e forte come questa città. Tutto qua, adesso il ponte è vostro. Lunga vita al ponte San Giorgio".

carcere prigione
frutto risultato
cordoglio dolore per la morte di qualcuno

Comprensione

1 **Rispondi alle domande.**

1 Chi è Renzo Piano?

....
....

2 Che cos'è il RPBW?

....
....

3 Qual è la filosofia di Renzo Piano?

....
....

4 Che cosa ama progettare Renzo Piano? Perché?

....
....

5 Qual è la sua idea di bellezza?

....
....

6 Che cosa si intende per "progetti di rammendo"?

....
....

7 Perché Renzo Piano ama lavorare con i giovani?

....
....

2 Leggi le frasi e segna se sono vere (V) o false (F).

	V	F
1 Il 14 Agosto 2018 a Genova crolla il ponte Morandi.	☐	☐
2 A Renzo Piano chiedono di progettare un nuovo ponte.	☐	☐
3 Il nuovo ponte è inaugurato tre anni dopo l'incidente.	☐	☐
4 Il Ponte Genova-Sangiorgio è il frutto della collaborazione di tante persone.	☐	☐
5 Piano pensa che la costruzione del nuovo ponte sia un miracolo.	☐	☐
6 Il nuovo ponte celebra la storia della città di Genova.	☐	☐

Lessico

3 Rileggi il paragrafo e sostituisci le espressioni che mancano con il sinonimo corretto.

> costruzione • gli farà raggiungere il • il lavoro • per merito loro • si limita a • un vero "laboratorio • una delle icone

Renzo Piano nasce a Genova, in Liguria, nel 1937. Suo padre è un costruttore e questo gli permette di praticare _____ di architetto subito dopo la Laurea in Architettura nel 1964. Ma Renzo non _____ costruire palazzi nella sua città e va a studiare negli Stati Uniti e a Londra. Qui incontra Richard Rogers, un giovane architetto inglese con cui inizia una collaborazione che _____ successo internazionale. Nel 1971, infatti, i due vincono il concorso internazionale per la _____ del Centro Pompidou a Parigi. Una sorpresa incredibile che, tra i 681 progetti presentati, vincano due ragazzi così giovani! Ma _____ il Centro Pompidou diventa _____ dell'architettura del XX secolo, perché non è solo un museo ma _____ d'arte".

Grammatica

4 **Gli indefiniti. Completa le frasi con l'indefinito corretto nel riquadro.**

> altro • chiunque • nessuno • ogni • ogni • ognuno
> • qualcuno • tutti • tutti

1 Renzo Piano dice che per fare un buon lavoro è necessario lavorare in squadre, dove _____ prevalga sull'_____ in _____ modo.

2 Nei gruppi di lavoro di Piano, se _____ ha una buona idea, questa diventa l'idea di _____.

3 "Le persone" e "lo stare insieme" sono concetti fondamentali in _____ progetto del RPBW.

4 Il RPBW _____ volta che crea un progetto, crea anche luoghi pubblici che _____ possano usare.

5 Renzo Piano ama i musei che permettono a _____ di venire in contatto con la bellezza.

6 Secondo Renzo Piano la bellezza può trasformare _____ in una persona migliore.

Scriviamo

5a **Scrivi una breve descrizione dei progetti di Renzo Piano, facendo attenzione a:**
- il concetto che sta alla base della costruzione
- le sue caratteristiche generali
- che cosa li rendi importanti e diversi da altri dello stesso genere

Auditorium Parco della Musica	

Scuola di Sora	
Ponte di Genova San Giorgio	

5b A piccoli gruppi. Immaginate di essere dei giovani architetti
che lavorano con Renzo Piano al G124. Pensate a un'idea
interessante per un progetto da presentare al grande architetto.
Descrivete:
• che tipo di costruzione è
• a cosa deve servire
• per cosa sarà utile
• quali sono le sue caratteristiche generali
• qual è la sua caratteristica particolare, quello che lo rende
unico, diverso.

Parliamo

5c Ora discutete con gli altri gruppi sui diversi progetti. Scegliete
quello che, secondo voi è il più originale e utile e, come gli
architetti del G124, parlatene insieme per migliorarlo, perché
"se qualcuno ha una buona idea, questa diventa l'idea di tutti".

TEST FINALE

Segna se le affermazioni sono vere (V) o false (F).

		V	F
1	Bebe Vio è una campionessa paralimpica di scherma.	☐	☐
2	Bebe ha due protesi a causa di una meningite.	☐	☐
3	Bebe vuole cambiare la mentalità della gente riguardo alla disabilità.	☐	☐
4	Roberto Bolle è stato étoile di due compagnie nello stesso periodo.	☐	☐
5	Secondo lui la danza è, e resta, un'arte di nicchia.	☐	☐
6	A 23 anni Bolle era già una star internazionale.	☐	☐
7	Samantha Cristoforetti è stata la prima italiana nello spazio.	☐	☐
8	Ha passato un anno nella Stazione Spaziale Internazionale.	☐	☐
9	Ha scritto "Diario di un'astronauta esperta".	☐	☐
10	Francesco Totti era il capitano della Roma.	☐	☐
11	Ha cambiato spesso squadra.	☐	☐
12	È amato e rispettato anche dagli avversari.	☐	☐
13	Miuccia Prada è diventata famosa con una linea di borse.	☐	☐
14	Il suo stile è sempre molto semplice e sobrio.	☐	☐
15	I suoi negozi sono all'antica.	☐	☐
16	Gino Strada era un ortopedico di guerra.	☐	☐
17	Ha curato soprattutto i feriti delle mine anti-uomo.	☐	☐
18	I "pappagalli verdi" erano mine contro i bambini.	☐	☐
19	Sophia Loren ha vinto due Oscar.	☐	☐
20	Ha lavorato con Marcello Mastroianni.	☐	☐
21	Raffaella Carrà ha raggiunto il successo in televisione.	☐	☐
22	Era molto attenta ai diritti e all'indipendenza delle donne.	☐	☐
23	Il ristorante di Massimo Bottura si chiama Osteria francescana.	☐	☐
24	Bottura ha creato refettori per i poveri in Africa.	☐	☐
25	Renzo Piano crede nel lavoro di gruppo.	☐	☐
26	Si occupa soprattutto dei centri storici delle città.	☐	☐

SILLABO DEI CONTENUTI MORFOSINTATTICI

Livello B1
- Pronomi relativi
- Pronomi e aggettivi indefiniti
- Complementi indiretti
- Aggettivi e sostantivi alterati
- Alcune espressioni idiomatiche
- Locuzioni avverbiali
- Locuzioni temporali e spaziali
- Congiuntivo, condizionale
- Imperfetto, trapassato prossimo,
- Imperativo affermativo e negativo
- Futuro semplice ed anteriore
- Infinito per istruzioni
- Coordinate e subordinate temporali
- Interrogative dirette-indirette
- Ipotetiche
- Discorso diretto ed indiretto
- Avvio all'uso della forma impersonale

LETTURE GRADUATE ELI GIOVANI   B1

LIVELLO 1   Giovanni Boccaccio, *Decameron – Novelle scelte*
Chiara Michelon, *Furto a Venezia*

LIVELLO 2   Mary Flagan, *Il souvenir egizio*
Emilio Salgari, *Le Tigri di Mompracem*
G.Massei – A.Gentilucci, *Evviva Roma!*
Marta Natalini, *L'ombra di Dante*
Marta Natalini, *I colori di Napoli*
Agnese Flagiello, *Che tesori!*
Chiara Michelon, *Nuvola al Palio di Siena*

LIVELLO 3   Maureen Simpson, *Destinazione Karminia*

LETTURE GRADUATE ELI GIOVANI ADULTI   B1

LIVELLO 2   Carlo Collodi, *Le avventure di Pinocchio*
Luigi Pirandello, *Novelle per un anno – Una scelta*
Anonimo, *I fioretti di San Francesco*
Carlo Goldoni, *Il servitore di due padroni*
Niccolò Macchiavelli, *Mandragola*
Italo Svevo, *La coscienza di Zeno*

LIVELLO 3   Giovanni Verga, *I Malavoglia*
Alessandro Manzoni, *I Promessi Sposi*
Valeria Savi, *Italiani famosi*